『吾妻鏡』の時代

関幸彦 編

山川出版社

はしがき

『「吾妻鏡」の時代』と題する本書は、中世史家安田元久の学恩に報じた一書である。関係する研究者が鎌倉時代の基本史料『吾妻鏡』を軸に、これに関わるテーマを掘り下げたものだ。もとより専門的分野からの提言ではあるが、学問の普遍化という安田が心がけた意思に沿うべく、一般読者の関心にも対応するように編集した。本書の構想は目次に示されているとおり、『吾妻鏡』それ自体を素材に論じたものもあれば、その周辺部を耕した内容のものもある。書名に関しては、編集委員会で議論をへて決した。中世史家たる安田の真骨頂が『吾妻鏡』に集約されているとの判断からだ。

我々は、これまで十年ごとに二つの編著を世に問うた。二〇〇五年に『義経とその時代』、二〇一五年に『「鎌倉」の時代』であった（いずれも山川出版社）。前書は安田没後の「十年祭」を期して計画、出版したものだった。後書は、「二十年祭」に向け編集・刊行されたものである。同書『「鎌倉」の時代』では安田史学の学恩に関わった東西の研究者も参集して上梓したものだった。書名を「鎌倉時代」ではなく、『「鎌倉」の時代』と題することで〝一味〟違った妙味を出そうとした。

その点では、三冊目の『「吾妻鏡」の時代』も、内容上での傾向性は右の二者と大きく異なるものではない。本書も多様な研究テーマを俎上《そじょう》に据え、あわせて幅広い読者の関心に応えようとした。「三十年祭」の本書でも平仄《ひょうそく》を合わせるべく〝時代〟を冠して書名の統一をはかったつもりだ。『義経とその時代』が人物論を軸に、そして『「鎌倉」の時代』が地域・時代論を射程に据えたものとすれば、この『「吾妻鏡」の時代』は資・史料論をふまえての内容ということになろうか。

考えてみれば『吾妻鏡』を前面に押し出した形での書物は、これまで多くはなかったのではないか。知の普遍化といえばいささか大言すぎようが、中世の時代への耕しの一助になればと思う次第である。

関　幸彦

目次

『吾妻鏡』の時代

歴史家安田元久と日本中世史—史学史上の足跡—

安田史学の周辺

——ご無沙汰しております。お元気そうで何よりです。安田先生の学問的足跡についての話とのことですが、はたしてご期待に沿える話ができるかどうか。当方もかなり老齢の域に入りましたからね。

関——ご多忙の折、わざわざ申し訳ありません。『吾妻鏡』の時代』を我々が出版するに際し、少しでも一般読者に中世史家・安田元久という人物について、知ってもらいたいと考えたわけです。学説史なり史学史なりを論文風に書いても、距離がありそうなので、ここでは思い切って日本の中世にも詳しく、安田先生と同世代の研究者もご存じだろうということで、お越し願ったわけです。

——なるほど。なかなかの重責ですね。側聞《そくぶん》するところでは安田先生の「三十年祭」での出版とのこと、もうそんなにもなるわけですね。我々も馬齢を重ねたわけですよね。もしご存命ならおいくつになるのでしょうかね……。

関――安日先生は一九一八（大正七）年生れでしたから一〇六歳となりますかね。先生ご自身の学問的業績については、以前出版の『中世日本の諸相』（上・下、吉川弘文館、一九八九年）付載の一覧が便利です。お手元に参考までにコピーしたものがあるのでご覧ください。この『中世日本の諸相』は、先生が学習院大学退任の折に、関係研究者三十六名が参加したものでした。その「はしがき」は社会経済史家の佐々木銀弥先生が書かれています。簡にして要を得た内容で、安田史学の正鵠を射た内容かと思いますね。

――高価なご本でしたが、私も入手しました（笑）。そのなかで印象に残ったのが、その佐々木先生の文章でした。「周知のように戦後の中世史研究においては、社会経済史が一世を風靡するなかで、先生はひたすら法制史・制度史的側面から武家の歴史を研究され、中世政治史研究に次々と問題を提起され、成果をあげてこられた学問的態度や信念に、いまさらながら敬服するばかりであります」との一文がありますが、安田先生の歴史学への姿勢を考えるうえで参考になる文章ですね。

関――おっしゃる通りかと思います。安田史学の本質が伝わる一文かと思いますね。指摘にあるように、「法制・制度史に立脚しての中世政治史研究」が土台にあることは、疑いないでしょうね。それと同時に学問分野のフトコロの深さもまた、学ぶべきポイントかもしれません。私が助手時代に先生の世田谷の松原のご自宅におうかがいしたおりに、北海道大学で教鞭をとられた頃に北海道新聞に載ったご自身の記事を拝見した記憶があります。その記事の見出しは、「地頭研究と四ツに取り組む」というものでした。〝フトコロの深さ〟云々でその記事を思い出しました。当時、先生は『地頭及び地頭領主制の研究』（山川出版社、一九六一年）の出版に向けて力を注いでいたようですので、インタビュー記事もそれに沿うものだったのでしょうね。そして〝フトコロの深さ〟に関連して申し添えれば、先生には社会経済史も射程に入れた研究もあったことは、いうまでもないと思います。紹介した『地頭及び地頭領主制の研究』という一見して奇妙な書名が、それを雄弁に語っているようです。

　私は学生時代にこの本を手にしましたが、書名にいささか違和感を持ったことを覚えています。今から思えば同著の「はしがき」にみえているように「地頭」という制度史的研究、さらにその地頭の領主的支配の内実についての社会経済史的研究、その両者をつなぐ表現が「及び」だったことになります。その〝奇妙〟さが〝絶妙〟さに変化したことを思い出しますね。

　何となく、いきなり助走もなく安田先生の歴史学の手法の話になってしまいました。書名あるいは題名について、今日風の表現でいえば先生はネーミング上手でもありましたね。思い出すままにいえば、先生には『平家の群像』（塙書房、一九六七年）という本もありました。この書名についていえば、近年では平氏政権論で議論を展開された高橋昌明氏も、同様の書名の新書を岩波書店から出されています。そのさいに高橋さんは、あえて安田先生の著書と同名の本を出版されることの意味にも触れられています。もちろん、彼我の対比を考えてのものだったのでしょうが。平凡ながら古くして新しいイメージの「群像」の語感に、シンクロするものがあったのでしょうね。

――なるほど。ネーミングは我々編集者にとって、本の売れ行きに関わる問題ですからね。でもね、私が感心したのはその流れでいえば、やはり『駘馬《たいば》の道草』（吉川弘文館、一九八九年）でしょうかね。

同著は先生のご退任のさいに、自身の半生を振り返った随筆的仕事でした。「はしがき」にもあるように、『吾妻鏡』にみえる文言を借用した書名とのことでした。先生は「午年」でもあり、それとの掛け詞なのでしょうが、『吾妻鏡』に通暁した先生ならではの命名だったのかもしれません。

関―そうでしょうね。『吾妻鏡』の元暦二年四月十五日条にみえているものですね。壇ノ浦合戦で平家討滅後に、関東から派遣された家人たちの多くが京都の王朝側から、頼朝の内挙をへずに無断で官職に任ぜられておりました。そのことに憤った頼朝が、任官した家人たちを書状で酷評する場面があります。

そこには有力御家人も名を連ねていた。八田知家・小山朝政についての部分で「件ノ両人鎮西ニ下向スルノ時、京ニヲヒテ補任セシムル事、駘馬ノ道草、喰フガゴトシ」とあるのが典拠ですね。ちなみに「駘馬」の「駘」は、辞書では轡《くつわ》をはずした馬のことで、鈍い馬とかのろい馬の意があります。同時に「駘蕩《たいとう》」の語があるように、のびのびしたさま、のどかな気分も含意します。その書名は当然、ご自身の研究上の歩みを自省を込めて「駘馬」に准える形での命名だったのでしょう。『吾妻鏡』からの引用は、やはり先生らしい気がします。私ども安田門下の会は「駘馬の会」と申しますが、それも先生の『駘馬の道草』にあやかってのものです。あの本を読みますと、研究者としての業績云々への自戒の念も含まれるのでしょうか。

そこには先生が父上安田銕之助氏や母方の祖父福田雅太郎氏（関東大震災の折の戒厳令下の大将）という軍人の血筋を受けつつも、多くの挫折に見舞われながら成長したこと、さらに大学途上での出征の労苦がさらりとした筆致で語られており、歴史家の文章だと感じます。

歴史家云々と語ったのは、大学時代の恩師の一人に平泉澄氏がいたこと、その主宰による〝朱光会〞なる団体に誘われたこと、等々についても触れられていますね。後年のことになりますが、この話は同著をお読みになった目崎徳衛氏（聖心女子大名誉教授、二〇〇〇年没）が、私に「安田さんは偉いね。着通の歴史家ならば朱光会の件は隠すけど、正直に公にする態度は立派だ」と、個人的会合の席上で話してくれたことがありました。いずれにしろ、戦後の思想的混迷の時期、背負った環境を受け入れつつも、歴史学の研究に向かう姿勢が垣間見られます。『駘馬の道草』が伝えるメッセージは、複雑でしょうけれど……。

——言わんとされた所は、よくわかります。私も安田先生のご著書の出版にたずさわったことがあります。〝乾いた文体〞という表現をされましたね。文章とか文体に凝るタイプではなかった。一般書と専門書の落差が少ない研究者だったと思います。過度の味つけを文章に与えることを好まなかった。それは安田先生の著作に共通しますね。文章表現には何となく流行があります。それとは無関係な書き方で、標語でいえば「安定」「安心」の叙述ぶりということでしょうね。専門書とは別に先生は一般書はもとより学習参考書に至るまで、幅広いジャンルで活躍されております。気難しい〝こだわり〞は、〝野暮〞との考え方があったのかもしれません。

関——そのこととも関係していますが、研究領域の幅の広さなり懐の深さに関係することです。さきほど紹介した『中世日本の諸相』の「はしがき」での一文です。佐々木銀弥氏はそこで執筆に加わった

「御家人制研究会」についても触れていますし、そこには「御家人制研究会などで、ことさら口うるさい多くの研究者たちを巧みにたばねられた手腕、あるいは今日の歴史学者にまったくといってよいほど欠けている遊び心を、心得た先生の稀なるお人柄によるところが大きいのではないか」との文章にもみえています。そうした内容からも推察できそうですね。

――そうでしたね。御家人制研究会。懐かしいですね。参加された多くの方々は他界されています。私も出版関係の人間として、研究会に顔を出した経験がありました。京都大学を含めた関西方面、あるいは九州方面からの顔ぶれも多かったようで、奇妙な喩でしょうが〝呉越同舟〟的広がりを持った研究会だったかもしれません。

関――ザックリですが、これまでの話で安田先生が志した歴史学の方向について、おさえることができたのではないでしょうか。ちなみに先生の個人史とでも呼び得る私的な側面については、「二十年祭」のおりの『「鎌倉」の時代』（福田豊彦・関幸彦編、山川出版社、二〇一五年）の巻末に、鼎談「日本中世史と安田元久」として載せられています。そこでも触れたのですが、安田先生は北大時代に二冊の編著を世に問われました。この時期、中世史学会は東北大学には豊田武氏のグループが、東京大学には佐藤進一門下の「中世の窓」グループが、そして京都大学では林屋辰三郎氏を中心とした『中世社会の基本構造』のグループが、さらに九州大学には竹内理三氏門下の方々が鎬を削っておりました。そうした研究者たちの群雄割拠の方向とは別に、横断的な形での研究成果を世に問う気運も登場します。その役割の一端を担ったのが「御家人制研究会」だったことになります。先生が学習院に移られ東京を基盤にしたことで、東西の研究者の合同研究が可能になった。その仕掛けを担われたわけですね。ご興味おありの方は、お読みいただければと存じます。つづいて史学史・学説史上での歴史家安田元久について眺めておきたいと思います。

研究の業績に分け入る

関━ここで改めて、お手元の業績一覧をご覧下さい。数ある仕事でも中軸はやはり論文や研究書でしょうから、これに限定する形で先生の研究上の足跡を振り返っておきたいと思います。順序としては、やはり研究者としてデビューする三十代のお仕事からとなりますね。

━━そうすると一九五〇年代でしょうか。昭和でいえば二十四年に処女論文「新補地頭に関する一考察」(『史学雑誌』五七編五・六合併号)ですね。先生が三十一歳の仕事ということになります。北海道大学への赴任はその五年後ということで、当該期は中世史家・安田元久の研究者としての骨格が、形成された時期ということでしょうかね。

関━この時期、「中世初期に於ける所領給与の一形態―西国の惣地頭について―」(一九五〇年)、「下地中分論」(一九五三年)などを『史学雑誌』に矢継早に発表され、助走に踏み出したようです。その一方で、赴任した北海道大学では「武士発生史に関する覚書」(『北大史学』三号、一九五五年)、さらには「古代末期に於ける関東武士団―源義朝の動きを中心として―」(『日本封建制成立の諸前提』所収、吉川弘文館、一九六〇年)など、武士・武士団についての研究にも鍬入れを行います。さらに「兵粮米・地頭加徴米小考」(『北海道大学文学部紀要』八号、一九六〇年)を発表。その二年後に一九六二(昭和三十七)年『地頭及び地頭領主制の研究』(山川出版社、一九六一年)で学位取得、四十四歳ですね。中世史家安田元久登場ということになりました。一九五〇年から一九六〇年初頭は、わが国の歴史学界も大いに揺れた時節でした。社会経済史研究の隆盛を含めた新しい歴史学の波が浸透する段階でした。安田先生はちょうど学位取得された翌年、学習院への赴任となります。四十代半の脂の乗り切った時期ですね。

——ものごとの本質は、その形成過程にあるとの意味合いからすれば、たしかに安田史学の骨格は、一九五〇年から六〇年代半ばくらいに形成されたと考えてよさそうですね。大学の助手時代から北海道大学の助教授時代が該当するわけですね。その時期にご著書も出版されています。個別論文とともに、それを一冊に集約するという処理能力はスゴイものがありますね。

今、改めて年譜に整理されている著作を眺めると、「封建制」を冠した研究成果が目につきますね。先生の最初の単著となる『初期封建制の構成』(国土社、一九五〇年)をはじめ、北海道大学時代の編著『日本封建制成立の諸前提』(吉川弘文館、一九六〇年)・『初期封建制の研究』(吉川弘文館、一九六四年)がそうですね。そして学習院に移られてからも従来の論文を収録した『日本初期封建制の基礎研究』(山川出版社、一九七六年)もありますね。一貫して「封建制」云々がテーマということになります。

関——ご指摘の通り、研究者としてデビューされた一九五〇年代は、中世史分野のみならず歴史学界全体にあって、封建制あるいは封建遺制についての研究が大きな潮流だったわけですね。私の学生時代に先生は自身の研究方向を規定したものについて、話されていましたね。自己を取りまく社会や時代の状況について、議論されていました。先生の場合、戦中から戦後の思想的混迷期に歴史学に身を投じたこともあって、封建制のタームは多くの研究者にとって〝時代〟と対峙する切り札ともなる観念だったみたいですね。

その際に、次のような話もしていらっしゃいました。自分が何故に中世分野を選択したかということです。端的にいえば、中世という時代は、「封建」の理念とマッチングしていたことが大きかったということでしょうか。武士とか武士団への興味・関心も、まさに中世という時代の主役を担った彼らへの想いとリンクしていたわけですね。それがご自身の研究に中世を選択させた動機ということらしいです。

さらにいえば、戦前以来のわが国における封建制研究の骨格は、鎌倉時代を対象としたものが少なくなかったことです。戦争から学究生活へと戻ったおりに、以前からの関心が強かった日本中世史の分野を封建制なり封建遺制といった現実的課題への関心でした。自己の研究方向と学問的潮流をどう接合させるかも問題意識にのぼっていたはずです。その意味では、戦後に隆盛となるマルクス主義歴史学との折り合いのつけ方もご自身の大きなテーマだったはずですね。それは戦後の歴史学界にあって、多くの若手研究者の共通認識だったはずです。

——研究者のお立場から、さらに弟子筋からの発言という点で、慎重な〝物言い〟ですね（笑）。でも私ども門外漢からすれば、いささかの遠慮的発言のような気もしますね。安田先生はやはりマルクス主義歴史学とは一線を画したうえで、是々非々の立場で中世史の地平を拓いた方だという気がします。一九五〇年代前後は、「歴史学研究会」に代表されるように、変革の気運が横溢していた時代でした。

とりわけ石母田正氏を中心とした運動論にどう自覚的に取り組むかが大きかった。私も大学で歴史を専攻しましたから、先輩たちからは専門領域にかかわらず石母田さんの『中世的世界の形成』（伊藤書店、一九四六年）は、バイブルとして当然視されていました。安田先生はその石母田氏よりは世代的には七歳ほど若いのですが、まさにそのシンドロームの真只中で、研究を進められたわけですね。だから先生の研究上の論跡を考えるさいに、まさに三十代から四十代にかけての業績には、石母田さんの領主制理論を武士研究のなかにどう消化するか。別の言い方をすればそれをどう自家薬籠中《じかやくろうちゅう》のものとするのかも、課題だったことになり得ます。

関――その通りでしょうね。「安田先生略年譜」でいえば、一九五二年、岩波の『思想』（三三六号）「封建時代における天皇」、あるいは一九六二年の岩波講座「武士団の形成」（『日本歴史』古代4所収）などの諸論文での問題意識には、そうした諸点が看取できそうですね。とりわけ岩波講座の「武士団の形成」は、今現在の武士団研究の出発点をなした労作ですが、それは、石母田正『古代末期政治史序説』（未来社、一九五六年）での「領主制の基礎構造」を発展させたものでした。石母田領主制論と安田元久の武士団研究を〝合体〟させた苦心作だったと思います。この岩波講座での中世の執筆陣には、まさに戦後の歴史学を担う研究者たちが集っていたと思われます。社会経済史分野のエースで、安田先生と大学時代同窓だった永原慶二氏をはじめとした面々ですね。一九五九年に『歴史学研究』（二三三号）に発表された安田先生の「地頭と地頭制」とかにも社会構成史との関係が看取できますね。

それはともかく、四十代そして五十代での業績にも目を転じたいと思います。これまで安田史学の骨格形成期について考えたわけですが、以下は研究上での肉付けの段階といってよいかもしれませんが……。

——編集者の立場でいえば、東京の学習院に研究拠点を移されて以後、仕事量が格段に増加した感じがします。それはひとえに専門的学問分野を普遍化する仕事が増えたことと無関係でないでしょうね。要は四十代半ば以降の一九六〇年後半から七〇年代にかけては〝知の普遍化〟に尽力した時期といってもよい。

その点でいえば安田先生はまごうことなき「昭和の歴史家」だったと思います。たしか、一九八〇年代では学部長なり学長さらに理事といった大学行政の要職についた関係で、研究者としての熱量の放出は減少していることは否めません。これは致し方ないことですね……。

関——おっしゃる通りかと。大学行政での心労は大変だったようで、大学で助手をしていた時期に、当方には学部長なり学長在職中の苦労談をされていました。でも、しばしば帰路に先生からお誘いを受け、新宿の「ナルシス」というバーで酒を飲みつつ、中世史研究の状況も議論したりしました。そのおりの安田先生は、ご自身、「オレは過去の人間だ」などと溜息交じりに話されていたことを思い出します。その時に当方はやや冷ややかに、「先生、過去の人間になれるだけいいですよ」「それなりの業績があるから過去があるのだから」などと、生意気な口を叩いた記憶がある（笑）。

それは余談として、話を元に戻しますと、一九六〇年代後半から七〇年代での業績をみると、研究論文より比重が著作に移りますね。一般書に向けての活動が旺盛だったことがわかります。「年譜」で確認すれば、『武士団』（塙書房、一九六四年）、『守護と地頭』（至文堂、一九六四年）、『鎌倉幕府―その実力者たち―』（人物往来社、一九六五年）、『源義経』〈日本の武将7〉（人物往来社、一九六六年）、『源義家』〈人物叢書〉（吉川弘文館、一九六六年）、『源平の争乱』（筑摩書房、一九六六年）、『平家の群像』（塙書房、一九六七年）、『源平の相剋』〈国民の歴史7〉（文英堂、一九六八年）、『平清盛』（清水書院、一九七一年）、『武士世界の序幕』（吉川弘文館、一九七三年）、『院政と平氏』〈日本の歴史7〉（小学館、一九七四年）、『院政と源平合戦』（ポプラ社、一九七五年）、『鎌倉開府と源頼朝』〈歴史新書〉（教育社、一九七七年）、『鎌倉執権政治』〈歴史新書〉（教育社、一九七九年）、『鎌倉御家人』〈歴史新書〉（教育社、一九八一年）などでしょう。

もちろん八〇年代に入っても、『武蔵の武士団』（有隣堂、一九八四年）、『武士世界形成の群像』（吉川弘文館、一九八六年）、『後白河上皇』〈人物叢書〉（吉川弘文館、一九八六年）などの単著もありますが、仕事量は減少です。やはり大学行政への関与が影響したことは否めないでしょう。今、右に列挙したのは編著は含まない単著のみですが、ものすごい仕事量だったことに驚かされますね。そうしてみると、ご指摘のように「昭和の歴史家」の面目躍如たる感じがしますよね。

――こうして一個人の歴史家の歩みを探ると、研究者としての足跡がよくわかりますね。編著については省かれた旨のお話でしたが、先生の業績の特色として編著の多いことは注目されますね。以前にも言及があったように、研究者として組織力に拠ったのでしょうね。『吾妻鏡』云々でいえば、重要な二つの仕事をされています。『吾妻鏡人名索引』(御家人制研究会編、吉川弘文館、一九七一年)、『吾妻鏡人名総覧』(安田元久編、吉川弘文館、一九九八年)の両者がそれですね。ともかく『吾妻鏡』という基本史料と格闘し、これを学界の共有財産とするべく学的エネルギーを費やしたことは、間違いないわけですね。

安田史学の真骨頂—「地頭」研究の地平—

関—やはり安田史学の真骨頂といえば、地頭研究ということになるわけですね。『地頭及び地頭領主制の研究』は、その点では戦前来の法制史研究の蓄積をふまえつつ、戦後の領主制論を消化しようとしたもので、現在に至っても当該研究分野においての価値は失っていないと思います。

——地頭研究でいえば、石母田正氏の「鎌倉幕府一国地頭職の成立」(『中世の法と国家』所収、東京大学出版会、一九六〇年)が登場し、守護・地頭研究に一石を投じましたね。社会構成史論に立脚したその立場は斬新な問題提起により、鎌倉政権成立期の「文治」地頭にメスを加えたものでした。それ以降、守護・地頭論争は一九七〇年代から八〇年代にかけて、中世史分野のメインストリームの観がありましたね。『地頭及び地頭領主制の研究』には、その出版が石母田氏の一国地頭論の提起と前後したこともあり、その問題への積極的言及はありませんでした。

関——私も『研究史　地頭』（吉川弘文館、一九八三年）でそのテーマについては触れました。そこでも指摘したように、石母田氏の地頭研究の背後には複雑な学史的意味もありました。法制・制度史の牙城ともいうべき守護・地頭研究への切り込みを通じ、石母田氏は史的唯物観の方法論的優位性を提示しようとした。そこには中世史分野での〝本丸〟とも言い得る守護や地頭研究にメスを加えることで、新たなる歴史像を模索する方向も宿されていた気がします。

この石母田説の登場は、明治末・大正期の牧・中田論争とも関係しており、多産的議論へと発展します。牧健二・中田薫両氏の地頭研究の細部は紹介できませんが、東西の二人の法制史家による激烈な論争は、単なる学説レベルをこえたものでした。多岐にわたるその論点は、今日でも学ぶべき内容があります。石母田氏の提案による一国地頭については、中田薫氏の研究成果に依拠した関係もあって、牧建二氏の研究に拠っていた安田先生の研究とも、抵触することになりました。当然、先生ご自身も「『文治地頭』に関する省察」（『日本社会経済史研究』所収、吉川弘文館、一九六七年）などの論争で石母田説に批判を加えました。ただし、石母田氏の提唱にかかる一国地頭像については、各論者が〝同床異夢〟の状態で論争は袋小路の観もありました。

最終的に結着をみたわけではありませんが、石母田説が地頭職として提案した強大な権力を内包した当該所職は、実態としては守護に近いものであろうと解されていますね。そして、石母田説を批判した安田説の場合、国地頭を荘郷地頭・郡地頭の延長と解釈することで、自説との整合性をはかろうとしたようで、そのあたりについては一致点が見い出されていないわけです。そこでは中田・牧論争もふくめて、幕府権力論や中世国家論の行方もあり議論は錯綜しています。

——牧建二氏と中田薫氏という二人の法制史家の守護・地頭論争には、武家の権力の中枢に関わるテーマもあったようですね。ポイントは、一一八五年末の「文治」段階に朝廷により認定される、文治勅許の権限の中身をどう解釈するかという問題ですからね。最終的には「公法」権を問題とした牧説と、「私法」権に依拠した中田説の立場というような整理も可能ですし、この議論をテーマとすれば大変なことになりますね。

関——自分でもこの問題をかつて扱ったものの、百家争鳴の観を呈する論争で、骨が折れました。そこには頼朝が与えられた権力の中身とともに、それをこえたところの中世国家観の理解の相違も横たわっていました。大げさにいえば、中世史研究上の〝地雷〟を踏んでしまった感じでした。先ほども述べたように、この牧・中田論争の多産性は、わが国の中世国家の認識に関わるテーマにもつながります。ごく簡略にいえば、鎌倉に誕生した武家の権力体についての評価です。ちなみに牧建二氏の見解は『日本封建制度成立史』(弘文堂書房、一九三五年)に集約されていますように、日本的封建制のシステムのあり方を論じたものでした。最終的には、鎌倉の権力と国家公権との接触がテーマでもありました。公権委任論を重視する立場ですね。安田説も広くは、その立場ということになります。

他方、中田薫「鎌倉時代の地頭職は官職に非ず」(『国家学会雑誌』二一—三、一九〇七年)以下の諸論文は、比較法制史の立場で日本的特殊性より普遍性を主題にしました。西欧的「私法」権の日本での成長を重視するなかで、議論が展開されます。そこが頼朝の政治的地位をめぐる両説の相違になるのではないか。妥当かどうかわかりませんが、中田説は頼朝が東国で得た権力を「簒奪」的とみなし、そこに「天皇にかわるべき第二の主権者」たる立場を想定します。一方の牧説の場合は、簒奪よりは委任的要素を重視する立場です。両説は一見矛盾しているようですが、内乱史からすれば入口にあっては「簒奪」ですが、内乱終焉の〝出口〟の建久段階にあっては、「委任」へとシフトする。こんな理解ですね。

――安田地頭論の話から、一挙に中世国家論に話が〝飛び火〟したようですね。考えてみれば、安田先生が牧建二氏の研究に共鳴されていたということは、理解できます。が、先生ご自身の中世国家についてはどんな立場だったのでしょうか。ご承知のように例の佐藤進一氏による「東国国家」論と、他方で黒田俊雄氏の「権門体制」論がありますけれど……。

関――牧建二と黒田俊雄両氏は思想的には同一ではないが、「権門体制」論についての源流は、牧建二氏の説に思いを至すことは可能でしょうね。安田先生の場合、具体的な論文・著作で二つの国家観に言及されたものはありませんね。私が個人的にお話をうかがったおりには、「権門体制」論の立場に理解を示されていたようでした。だから牧説に依拠する立場からは当然なのかもしれず、特段の違和感は持ちませんでした。ただし、先生ご自身も当初の頼朝の権力の反逆性から「簒奪」権力と定義しておりますから、「簒奪」から出発し、「委任」に至る流れと解するわけでしょうね。問題は鎌倉政権の本質はいずれにあるのかでしょうけれど……。

概して、石母田説の場合は、鎌倉政権は簒奪的権力として傾きが強いとされますね。頼朝の政治的立場について、天皇権力を打倒し得る可能性を秘めたものとして、戦後での天皇制論議をふまえ、一種の〝願望〟にも似た期待値が『中世的世界の形成』にも語られています。グローバリズムに立脚したマルクス主義歴史学の立場にあっては、普遍的歴史観がテーマでもありましたので、その点でも中田薫氏の立場に近いものがあったことは首肯できそうですね。

――なかなか歯ごたえある内容で、難しいですが、「東国国家」論なるものの源流には中田説を、そして「権門体制」論の源流には牧説というような考え方みたいですが……。そんな理解でよろしいのでしょうか?

関――短絡的に過ぎると怒られそうですが、あくまで〝点線〟的流れでの話です。次元を異にする学説を接合したことで混乱したかもしれませんが、四捨五入論での内容とお考え下さい。それにしても、近年は「昭和レトロ」ブームのようですね。今回の「三十年」祭に向けて『「吾妻鏡」の時代』を世に問うなかで、「昭和の歴史家」安田元久の足跡を訪ねました。安田先生の個人的気質もさることながら、〝学統〟主義に立脚しつつ播いた種は、今日の歴史学においても根づき、息づいている状況が確認できました。

伊藤一美

八田知家、その剛毅な御家人の生き方

はじめに

八田知家。二〇二二年大河ドラマ「鎌倉殿の13人」の一人だった。俳優市原隼人がいつも胸をはだけた野性的な下野国御家人を演じていた。時に将軍実朝の命令により、宋人陳和卿《ちんなけい》に建造させた大船の就航に際し、鎌倉前浜海岸で諸肌脱いで大勢の者たちと牽引していた姿に、多くの視聴者の注目を浴びたことは記憶に新しい。さらに、知家はこの事業を契機に、隠遁したいと三善康信（演じたのは小林隆）に打ち明け、三善からまだ若いのに、と諭されている場面も印象に残る。

実像の八田知家とはいったいどのような人物だったのか。

改めて御家人八田知家の歴史的な姿について、鎌倉幕府編纂の正史『吾妻鏡』のみならず、京都政界の重鎮九条兼実の日記『玉葉』からも追跡してみたい。

御家人八田氏の成立

八田氏の出自はどこか

大学の先輩で八田家の子孫・小幡恵子氏の家蔵系図「清和源氏・八田・小田・小幡」を紹介する。近世末期に作成され、金地綾布《きんじあやぬの》を天地に配し、楮紙《こうぞし》を継ぎ足した巻子《かんす》だ。さきの表題に続き、別紙貼り付けの紙面「清和源氏」の筆跡は時代的に近世前期のものである。

小幡家は、近世前期の岡崎藩御殿医の系譜を持つ家であり、茨城県筑波郡玉里《たまり》・川中子《かわなかご》に三十石余の田畑を持っていたことが家伝史料から知られる。

小幡家の祖とされるのは八田知家からである。ちなみに鎌倉時代までに限れば、二代知重、三代光重、四代光義、五代光範、六代光包《みつかね》、そして七代の光長が足利尊氏に属して以降の系譜を伝えている。

八田知家の母は「近衛殿女房」で源義朝の妾とする。「懐胎すること七月の時、父義朝、平治の乱あるによりて、家臣宇津宮左衛門尉知綱これを介抱す、ついに男子を産みて知綱嫡子に準じ、長じて八田の庄を譲る、この名八田四郎武者知家なり」と系図は記す。

この伝承は八田氏一族の「茂木系図」（東京大学史料編纂所蔵）なども同様で、南北朝時代に成立した『尊卑分脈』なども比較しても間違いない。

なお「近衛院女房八田局」（茂木系図）は常陸平氏繁盛の子孫致幹の女とされ、のちに常陸多気《たけ》氏との所領争いの遠因となっていく。いずれにせよ、宇都宮宗綱と朝（知）綱・知家の親子は常陸八田（茨城県つくば市小田）がその名字の地で、朝（知）綱が宇都宮氏を、知家は八田（小田）氏を継承していく。

朝（知）綱はすでに平安末期に「左衛門尉」に任官している「京武者」であり、常陸平氏との姻戚関係によって常陸国「八田」の地にその勢力を扶植《ふしょく》する機会を得たと先学は考えられている。

『吾妻鏡』にみる八田知家

一一八一（養和元）年閏二月二十三日条に、志田義広の乱に関して「八田武者所知宗（家カ）」と初めて出るが、この事件は一一八三（寿永二）年二月のことである。八田氏は小山朝政とともに野木宮《のぎみや》に出陣し、頼朝叔父の志田義広と戦った。「武者所」と記され、彼はすでに早くから朝廷・院との関わりを得ていたことがうかがわれる。一一八四（元暦元）年六月、池禅尼の帰洛に際して頼朝から一条能保・小山朝政・三浦義澄・畠山重忠らとともに「八田四郎知宗（家カ）」らが宴の簀子《すのこ》に呼ばれた理由が「みな京都に馴れるの輩」とされていることでもわかる。

以降、平氏追討で源範頼軍の一員として知家も西国へ派遣される。その間、一一八五（文治元）年四月、知家は「右衛門尉」に無断任官する。「件の両人（小山朝政：兵衛尉任官）、鎮西に下向の時、駘馬の道草を湌ふが如し、同じく以て下向すべからざるの条、件の如し」と、頼朝からは、鈍い馬が道草を食っているようなものだ、となじられている。

しかしその後は鎌倉に出仕している。一一八五（文治元）年十月、勝長寿院南御堂供養で頼朝背後に並ぶ「五位六位」三十二人のなかにあり、宇都宮朝綱とともに「右衛門尉知家」、さらに子の朝（知）重も先陣随兵となっている。以後、頼朝に近仕する事例が多く、また奥州の藤原秀衡からの貢馬を厳重に管理する役や、上納品などを含めた、京都への移送を知家は命じられている。

さらに一一八七（文治三）年正月、若君頼家の「御行始」に際して頼朝父子は八田知家の南御門宅に入ったとある。彼の家は大蔵御所の南側付近にあった。

罰で道普請を科された八田知家

一一八八（文治四）年五月二十日、八田知家郎従の「庄司大（太カ）郎」を「大内夜行番」として京都に派遣したが、彼がサボタージュしたという噂が鎌倉に入る。頼朝は在京御家人佐々木定綱に命じて郎従を検非違使庁に進めること、その主人八田知家には罰として「鎌倉中の道路を造るべきこと」を命じた。

知家は、自身の代わりに郎従を京都番役に出していたのだ。その結果、鎌倉中の道を造営するようにとの処罰を受けたことは実に興味深い。

鎌倉の若宮大路東側の北条泰時・時頼邸跡の側溝から発掘された木簡に「伊北《いほう》太郎跡」「くにの井四郎入道跡」など名前がみえ、また北条小町邸跡／北条泰時・時頼邸跡からは、「おぬきの二郎」「まきのむくのすけ」「かわしりの五郎」名の木簡も出ている。

伊北氏とは上総国夷隅《いすみ》郡付近の武士名で、「くにの井」氏は常陸国那珂《なか》郡国井保《くにいほ》（水戸市上・下国井）の武士である。「一丈」や「一けん」などの数字があり、また名前の最後に「跡」とあることから彼らはすでに故人となっていた登録御家人名と考えられている。

これらの木簡は、御家人らに若宮大路側溝造営の分担幅を明示したもので、地面に挿しておいたものだ。このなかで「まきの」名字は常陸国武士と考えられる。茂木文書の一二五三（文和二）年六月十日沙弥明阿知貞譲状写しによれば、「茂木郡内……茂木郷内前小堀、小井戸、牧野□（内カ）馬籠、同野内」が子の知久に譲与されている。

後にみるように八田氏は茂木氏の兄弟筋であり、特に知家は馬の飼育、馬躰や馬相などの知識が豊富なことが知られている。地名「牧野」や「馬籠」なども甚だ示唆を受けるものがあるだろう。

なお室町時代の茂木文書にも「茂木庄東西内、……増井、馬門」などの地名もみえ、かつての「馬牧」ではないかと想定する。

こうした地名の配置は、武蔵国稲毛庄（川崎市稲毛）にもあったことが参考となる。川崎市内の「作延」（柵が延びる）、「新作」（新しい柵）、「籠場谷」（籠馬谷：馬を追い籠める谷）などの地名である。特に町田市鶴川遺跡群では、細長い谷戸を囲むように柵列跡、馬寄場や掘建柱屋などの跡がみつかっている。

さきの出土木簡にみる「おぬき」名字は、常陸久慈《くじ》郡や行方《なめがた》郡の小貫《おぬき》氏と考えられる。また「かわしり」名も奥州石川氏にその流れがある。

どうやら東国出身の武士たち、なかでも常陸国に関わる御家人らの名前が複数出てくることは偶然かもしれないが、もしかしたら道普請を行ったという八田知家のことが先例になっていたのかもしれない。また常陸国の人々が頼朝によって冷遇されていたことを、佐竹氏の殺害、志田義広の反乱なども含めて先学は示されている。頼朝の行った記憶と、その後の幕府による都市鎌倉の道普請負担者に、常陸国武士名がよく出てくることにも何か関わりがあるようにも思える。

唯一残る八田知家宛の古文書

八田知家が頼朝政権から得た正式文書として、唯一伝わるものが秋田県大館市の吉成家に伝来してきた。現代語訳をしておこう（茂木町まちなか文化交流館ふみの森もてぎ所蔵・栃木県指定文化財）。

将軍家政所を下します。下野国本木（茂木）郡住人。補任する地頭職事、前右衛門尉藤原友（知）家。右は治承四年十一月廿七日御下文に記載されていますこの人を地頭職に補任します。このたび（将軍家頼朝の）仰せによって、（新たに）将軍家政所下文を作成して八田友家に賜わることは以上のようです。そこで（これを）下します。

建久三年八月廿二日　　案主藤井（花押：俊長）

令民部少丞藤原（花押：二階堂行政）　　知家事中原（花押：光家）

別当前因幡守中原朝臣（花押：大江広元）

前下総守源朝臣（源邦業《くになり》）

この文書は一一九二（建久三）年七月二十日、頼朝が朝廷から征夷大将軍に任じられ、政所を正式に開設したことによって出されたものだ。これまで頼朝の花押が据えられていた下文を回収し、その代わりに政所職員の花押のある政所下文に変えたものである。この文書内に記された「治承四年十一月廿七日御下文」こそが頼朝から最初に八田知家に与えられた下文であることが明示されている。

この時期はまさに常陸国金砂城《かなさじょう》合戦で佐竹氏を倒した頼朝が鎌倉に帰ってきた直後である。友（知）家がこの合戦に従軍していた証拠はない。しかし本正文により「本（茂）木郡地頭職」であったことは明確だ。ちなみにこの茂木郡（保）は、知家から三男知基の子孫茂木氏に相伝されていくこととなる。

このような新たな政所下文の発行に際して、有力御家人の千葉常胤は、頼朝の花押がないと子孫たちのためにも証拠とならないと反発、ついに頼朝下文もあわせて出させたことが『吾妻鏡』に記されている。

この実例を示すものが下野小山朝政宛の文書である。それら二通は神奈川県立博物館と個人で保管されている。だがこのような両形式で発行されたケースは特定の御家人、すなわち千葉氏と小山氏のみと筆者は考えている。もし相当数の東国御家人に両様《りょうよう》の文書が出されたとすれば、写しなどとしてでももっと残っていてもおかしくない。

八田知家と馬のエピソード

八田知家は馬に関する記事が目立つ。

特に一一九〇（建久元）年の上洛出発に際して知家が遅参したため、頼朝が激怒して待っていた話を紹介しよう。

十月三日、知家は常陸国から昼頃ようやく鎌倉大蔵御所に到着する。頼朝の不快な様子にもかまわず、知家は先・後陣の確認を頼朝に問う。先陣畠山重忠は決めたが、後陣候補は決まらない、御馬は黒駮《くろぶち》が梶原景時から用意されている、と頼朝は答える。知家は先陣はよい、だが後陣は宿老千葉常胤が最適で、人選で悩むことではないと伝える。さらに黒駮馬は逸物だが、頼朝の鎧には似合わないとして、八寸《やき》（龍馬のこと）余の黒馬を献上する。頼朝は大いに気に入り、晴れの入洛当日に乗ることとし、道中は景時提供の馬を使うという。最後に頼朝は千葉常胤を呼び、後陣につくことを命じている。

このエピソードは、知家が馬の知識を通じて頼朝の信頼を得ていることをうかがわせるとともに、主君との親近性が強く印象づけられる話となっている。知家は頼朝庶子という伝承が生まれる契機となった話の一つと考えられなくもない。

常陸政変と八田知家の策略

一一九三（建久四）年五月、常陸国鹿嶋社御遷宮造営事業が大幅に遅れ、多気義幹らの怠慢だとして造営奉行の伊佐《いさ》為宗・小栗重成らへの督促を常陸国守護の知家は、頼朝から命じられる。

そののち知家と多気義幹とのトラブルが発生する。義幹とは知家の母八田局を通じて従兄弟関係だった。義幹弟の下妻弘幹も実朝誕生に際して護刀を幕府宿老クラスとともに献上している。彼は「悪権守」とも呼ばれるだけにその勢力は侮りがたいものがあった。知家の威勢が常陸信太《しだ》庄・田中庄だけにしか及ばない状況下に、多気・下妻氏ら一族への警戒心は次第に大きくなっていく。

おりしも同年五月二十八日、曽我兄弟による富士裾野事件が起きる。頼朝の供として常陸久慈郡から参加を命じられた者たちは、その現場から逃げ出してしまう。のちに頼朝は「逃亡人所領の没収」の厳しい措置をとる。八田知家自身は、富士野への参加はしていなかったが、事件の噂を聞き、六月五日、かねてからの狙いを「常陸国大名」の多気義幹に的を絞り実行する。その手順はこうだ。

「知家が義幹を討とうとしている」と疋夫《ひっぷ》（卑しい身分者）を使って義幹に告げさせた。それを聞いた義幹は「防戦」のために一族とともに多気山城に籠もる。常陸国内は騒然となった。この様子を見届けた後、知家は「雑色」（国衙の従者で特命事項を帯びた使い）を派遣して、「富士野御旅館」での「狼藉」を聞いたので、参陣する予定だ、貴殿もともに来てほしい、と多気義幹に要請する。当然ながら義幹はこれを拒否する。

知家による巧妙な計画であることがよくわかる。二段階にわたる情報の伝達と操作の流れを改めてみると、最初の情報は、あやしげな者による〝がせネタ〟であり、「一族等を招き聚め、多気山城に楯籠」（六月五日条）ることをさせるための操作だった。

鎌倉時代前期は館・城などは普段は開放的な場であって、「籠城」や「城郭を構える」等は違法行為とみなされていた。つまり不穏な動きを起こさせ、それを風聞として国内に広めて周知させることが知家の狙いだった。そこで次の情報操作は、自身が常陸守護として鎌倉殿の危機に正式に出陣すること、また従軍の諾否を彼に伝え、そこで多気氏「不参」の言質をとることが目的だった。狙い通りに多気義幹は警戒して「いよいよ以て防御の支度を廻らす」こととなる。

六月十二日、頼朝は知家から義幹「野心」の訴えを聞き、すぐに彼を召喚させる。そののち知家は「頼朝殿の命令により参上するように」と義幹に伝えたが、「一族郎従等が多気山城に楯籠もり、反逆を企てた」（二十二日条）と証言する。「城郭を構えて軍士を集めていること」（同）の事実は消すことができなかった。こうした行為は、まさに常陸守護（知家）、さらには鎌倉殿源頼朝への謀反心ありとする証となったことはいうまでもない。多気義幹の常陸国筑波郡・南郡・北郡の所領は没収されていく（同）。

さらに七月三日、鹿嶋社造営奉行小栗重成が「物狂」となったことを伝えてきた。奥州平泉で秀衡倉庫から重宝「玉幡《ぎょくはん》」を請け出して小栗の氏寺に飾ると、夢枕に山伏等が毎晩現れ、悩まされた結果だった。造営事業は知家が守護として本来行うべきものであって、八田氏の勢力を伸ばすために、小栗氏もまた排除されたというエピソードを隠した記事だ。

同年十二月十三日、頼朝の命で下妻弘幹が知家に梟首される。日頃時政を憎んでいたという。これも八田氏による勢力伸張の話の一つだろう。

曽我兄弟の事件前後には頼朝暗殺計画や時政陰謀説なども重なり、常陸国内では在庁多気氏・下妻氏・大掾《だいじょう》氏、常陸平氏吉田流一族と八田（小田）氏との対立抗争が渦巻き、常陸国内のさまざまな事件を生み出していく。その後、常陸国が守護と国衙系列領主層によって支配されるという、特徴ある体制が生まれていく。常陸国内では、以前からの有力在庁多気氏や下妻氏・大掾氏などと、新たに進出する守護八田氏との複雑な勢力争いがその背景にあったことは間違いない。

大内夜行番サボタージュ事件と朝廷の対応

大内夜行番とは何か

一一八八（文治四）年五月、知家は鎌倉中の道路造作を命じられた。知家郎従の「庄司大（太カ）郎」が「大内夜行番」を「懈緩」（怠慢すること）した。この責任を主人としてとらされたのだ。

この記述から、御家人による京都番役の一端がうかがわれるとともに朝廷でもこの事件はしばらく問題となっていることが『玉葉』からわかる。

「大内夜行番」とは、以下の職務とされている。難しいが『古事類苑』(官位部二一―三九巻)から引用しよう。

按、大内夜行番は、夜ごとに禁内(内裏)を巡行して非常を警む司なり、これもと衛府の職掌なれど、中頃にいたりては、其つとめに堪ずなりしによりて、武家よりはからひ申さるることとはなれるなるべし。

すなわち天皇の御座所内の不寝番の役目である。かつては近衛府が担当していたが、武士の成長とともに彼らが召集されることとなった。頼朝時代の一一九七(建久八)年、大隅・薩摩両国守護の島津忠久が命じられた職務の一つに「内裏大番」勤仕の武士を両国から出す事例がある(島津家文書)。また、一二三〇(寛喜二)年三月、鎌倉から北条重時が六波羅探題職就任のために上洛するが、「大番武士」による御所諸門を警備する様子が『明月記』にみえている。さらに一二三三(天福元)年十一月には女装した童が御所の堂上に上がりこんだのを「大番武士」が捕縛した記事もある。

このほか、一二三五(嘉禎元)年正月には、京都滞在の宇都宮泰綱一族が馬を藤原定家のもとに引いてきた記事で、「大番」に従う御家人郎等らも諸門の辺りを警備している様子がうかがえる。

以上のように、基本は御家人本人とその従者が「番役」をつとめるという形態だった。だが八田知家のように郎従を派遣して、それで済ませていた御家人もいたのだった。

くすぶる検非違使内部の動き

実は八田知家郎従の大内夜行番懈怠問題は、朝廷で物議をかもすこととなる。『玉葉』の一一八八（文治四）年五月十五日条によれば、検非違使別当の藤原隆房に命じて、鎌倉からその郎従（所従・下人とも記す）を召す処置がとられることとなった。

この「庄司大（ママ）郎」は常陸国信太庄司で本姓が紀頼康という者だった。信太庄の領主は平安後期には紀氏流の人物、または志田三郎義広ともいわれ、その跡を継承したのが八田氏であることも先学は指摘されている。いずれにせよ八田氏と庄司氏は信太庄を媒介として結びついたものと考えてよい。ところで『吾妻鏡』が記す、この時点では郎従の「庄司大（ママ）郎」本人は、すでに京都にはいなかった。実は事件そのものは「去年」（文治三年冬）の「京中夜行の時」に起きたことだった。

騒動の発端は「知家下人」が「その事功を闕」いたために検非違使がその身柄を確保していた。だが八田知家は別の使者を送って強引にその郎従を奪い返してしまったのだった。検非違使庁では、こうした事務妨害を問題視することとなり、半月以上後となったが、鎌倉の源頼朝にその御家人郎従を召喚するようにと連絡した。だが実際は検非違使内部でも逡巡する動きがでていたのだった。

九条兼実の意向と対応

検非違使中原経康から九条兼実に報告があった。八田知家が奪い取った犯人（郎従）は、すでに源頼朝のもとに召し進められており、京都の検非違使に引き渡すので、早く請け取るようにということだった。

「関東搦め進むる犯人の間事」につき、兼実は院より「奏聞するように」と伝えられた。さらに検非違使経康が兼実の許に来ていうには、「検非違使別当藤原隆房から指示連絡があり、関東から召喚する犯人（知家郎従）を早く召して量刑をはかるように。召し進めるようにしたのは神妙なことだ」という。実際には検非違使経康が請け取るようにと別当からの仰せがあった。その後しばらくは動きはなかった。

六月、五位蔵人の藤原定経から兼実に連絡が上がってきた。源頼朝が召し進めてきた犯人「前右衛門尉知家所従」の「申詞」（陳状）と「検非違使職景申状等」を検非違使別当から注進された内容だった。それによると、この事件は、去年の一一八七（文治三）年冬頃に「夜行番闕」（警備不在）が発生し、検非違使職景が犯人を召し込めたところ、「知家、郎従を遣はし、奪いとりおはんぬ」と、強引に奪い取っていってしまったというのだった。「（検非違）使庁の鬱」（憂鬱な恨みつらみ）によって鎌倉へ連絡させたところ、頼朝は「驚き恐れて（所従を）召し進め」るという返事をしたという。

すなわち、文治三年冬に「大内夜行番」勤務の八田知家郎従のサボタージュがその原因となり、その後に検非違使職景による郎従の捕縛がなされたこと、だがすぐに八田知家の派遣部下によって、検非違使管轄下であった当の郎従の身柄を奪われてしまった経過が知られる。

六月に至り、蔵人定経が兼実のもとに来る。「源二位卿（源頼朝）召し進める所犯人の前右衛門尉知家郎従申詞」を後白河院へ奏聞したところ、重ねて審議を行うようにと仰せられたという。

一方、検非違使別当藤原隆房の申状では、この上は「復問」には及ばなくともよい、もし処置が決まらないとなれば承知はできない、奪い取ったことは明白なので「科断の条」については「聖断」（後白河院のお考え）をうけたまわって処置すべきだ、という。兼実は、内容についてもう一度院へ奏聞すべきだ、と述べている。

翌六月四日、兼実は定経を早朝から呼び出した。主要部分を現代語訳しよう。

八田知家の郎従の事だが、重ねて尋問するようにとの後白河の院宣が出た。院のお考えでは検非違使らの連署問注記を進めて確認すべきものと思われているのでしょうか。事の起こりは些細なものだったが、対応処置がされずに大事になってしまった。またそれを折紙などという形で言上してきたことなど軽率ではないか。院と検非違使庁との複数によるやりとりが、かえって処置を不明確にしてしまった。特別の事がなければ問注などしなくてもよいだろう。いずれにしても最後は院のお考えに従うということを上に奏聞すべきでしょう。

九条兼実は、院が「官人連署問注記」の提出を望まれているのではないかとする。さらに「折紙」で言上していたことは軽率だったのではないかとも述べる。これまで数度の「復問」も行われているので特に求められるものがないならば「問注」に及ぶこともないだろうとし、最終的には院の「御定」（院の意向）に従うことを「奏聞」すべきものと、蔵人定経に伝えている。

その後に、また検非違使の明基が別当藤原隆房の意見を伝えてきた。官人たちは「鎌倉の威を恐れて嬌飾（媚びへつらう）の詞を吐くの輩」もあるということだという。兼実はそれは「弾指」（批難）すべきことだと憤っている。

夜になってから院司で五位蔵人藤原定経から院宣の内容が伝えられた。この上は検非違使別当の判断で行ってよいという。兼実が想定していた通りだった。

翌六月五日、別当隆房から検非違使中原明基を通じて兼実のもとに連絡が入る。院宣では罪科処置についてては検非違使庁で処断すべきものであるとあった。ならば「罪名」を検討しなくてはならないということか、と再度確認を兼実に求めてきた。兼実は、犯人は「卑賤」のものだから院宣の指示に従ってそれに間違いないようにはからって処分を行えばよい、と回答している。

こうして処分の方向性がほぼ固まってきた。夜になって検非違使別当の藤原隆房が兼実邸を訪ねる。兼実は風邪気味なので直接面会はしなかった。職事《しきじ》源国行をして指示を出した。兼実が六日早朝に検非違使中原明基に伝えた言葉「濫觴《らんしょう》は小事たりといえども沙汰すでに大事に及ぶ、しかるを折紙を以て言上頗《すこぶ》る軽々の故なり」という内容を再度伝えており、なお院へ確認すべきであるべきことを主張する。

そして「罪名」に関しては「卑賤」の身分で、ましてやその原因は主人たる御家人八田知家にあるので、ただ処置を検非違使庁で決めればよく、「禁獄・流罪」などすべきことではないとする。

検非違使別当の藤原隆房からは、「獄政所」へおく処置はいかがか、と連絡が入る。兼実は、それはよい、ただし「奏聞」だけはしておくべきだ、と回答する。

こうして一応の方向性が兼実と検非違使別当藤原隆房との最終確認で決まっていったのである。

処罰と身分問題

鎌倉御家人の一郎従が起こした「内裏夜行番」問題の根幹は、一つは捕縛した犯人を主人御家人の命により奪い取っていったことへの対応、二つ目には、当該犯人（郎従）への処罰法にあった。前者は役所としての「検非違使庁」の権威と体面を失墜させたことは間違いない。こうした鬱積が鎌倉へのおもねりと批判を上級当局者たちにかもし出していったのだった。

二つ目の、当該犯への処罰については『玉葉』の一一八八（文治四）年六月五日条にみられるように、「郎従」＝「卑賤者」という身分上の位置づけから、「罪名」を審議することは無用であり、「禁獄・流罪」などの範疇で考えることを否定する。兼実自身がこうした主張を繰り返している。そこで一時拘禁ともいうべき「獄政所」への留置処分となったのである。

六月七日、先日の頼朝からの申し入れにつき返書が出され、こののち八田知家郎従の処分に関する記事は『玉葉』にはみられなくなる。朝廷側の処分はこうして決定したのである。

一方、頼朝による御家人八田知家の処分は、『吾妻鏡』の記事でわかるように、鎌倉の道路造成を知家に科すという処分となった。これは、「郎従」の罪は「主人」の責任となるという原則が鎌倉社会にあると考えてよい。

たとえば、かつて筆者が指摘した事例だが、御家人豊島氏一族の紀伊重経所従による佝物横領が発覚し、当人が幕府台所へ逃げ込んで一悶着を起こした事件がある（『吾妻鏡』一二四六〈寛元四〉年十二月二十八日条)。幕府当局は「主人の行為ではないが、彼の郎従が主人の命令を請けて年貢を進めてきた公用中に行った狼藉行為である」として主人紀伊氏の丹後国所領は没収処分となった。ここでもまさに「郎従の罪は主人に懸かる」というものであったことも確認できる。この郎従の処分がどうなったのかは不明だ。おそらくは御家人たる主人の判断に任せられたものだろう。

八田知家の郎従による「大内夜行番」勤仕問題は、御家人役の問題だけではなく、身分上の処罰問題にも発展する事例と考えてよい。幕府体制が朝廷との結びつきを強めていく過程で「郎従」の位置づけ、さらには身分の上昇問題ともなっていくことは予想されることだろう。こうした動きは、幕府のなかでも北条氏自身、自己の「御内人」の身分問題にも影響を及ぼしていったのではないだろうか。

その後の八田知家

一一九五(建久六)年正月、毛呂《もろ》季光と中条家長が喧嘩から親族同士の合戦寸前になっていた。和田義盛の仲裁で、八田知家を通じて家長には出仕停止を言い渡した。季光は頼朝の「門葉」といわれる源家一門身分であり、彼は直接頼朝から諭されている。中条家長がこうした振舞いに及んだ原因は、「知家養子として威権に誇り、無礼を表すによる」とある。頼朝の側近として終始控えていた知家の経歴からもうなずけるものがあるだろう。その後も、知家は山名義範、毛呂季光、千葉常胤、三浦義澄、小山朝政、比企能員、足立遠元などの宿老の一人として活躍し、頼朝の側近として存在する。

将軍頼家時代の一一九九(正治元)年時期も知家は宿老のメンバーであり、政子の子乙姫《おとひめ》死去を弔ったりもしている。翌年の正月椀飯《おうばん》をも担当している。

一二〇一（建仁元）年五月、知家は二代将軍頼家の命を受けて下野に押し込めていた阿野法橋全成《ほっきょうぜんじょう》を殺害する。源氏一門の継承者をなくし、頼朝の直系のみとする意向を受けてのことだった。

その後の八田知家の動向は、一二一三（建保元）年十二月、御所付近の火事で北条時房・大江広元・筑後守知家入道らの「宿廬《しゅくろ》」が被災している記事が『吾妻鏡』では最終である。すでに出家しているとはいえ、知家は終始幕府の重鎮として御所近辺にその居宅をもっていたのだ。

一二一八（建保六）年三月三日、知家は死去、七十五歳だった。法名は観国院殿定山尊念大居士である（茂木系図）。知家の出家はすでに建永年間（一二〇六〜七年）であることは、筑波郡三村郷に存在した清冷院極楽寺に存在した鐘名に「筑後入道尊念」とあることからも確認できる（土浦市等覚寺蔵旧極楽寺鐘・国重文）。

むすびにかえて

八田（小田）知家は、確実な古文書からは、一一八〇（治承四）年段階から頼朝に従い、一一九二（建久三）年には下野国茂木郡をその本貫地としており、かつ地頭職を与えられたことは明らかである。さらにその時点では「前右衛門尉」であった。

また茂木文書の記載から下野国茂木郡域には、馬牧に関連すると思われる地名などの存在、さらに『吾妻鏡』のエピソードから八田知家は馬に関する知識がかなりあった事がうかがわれる。なお古文書と『吾妻鏡』との関連づけから、八田（小田）氏の発祥は、茂木郡域が中心で、その嫡流家の可能性は本来は茂木氏を名乗る家ではないか、と想定している。いずれにしても八田知家の生き方は剛毅な鎌倉武士の姿を伝えてくれるのである。

参考文献

網野善彦「常陸国南郡惣地頭職の成立と展開」『網野善彦著作集第四巻　荘園・公領の地域展開』岩波書店、二〇〇九年
伊藤一美「『所従』の罪は『主人』の罪か」『練馬郷土史研究会会報』二五五、一九九八年
高橋修「地域社会「茨城」の展開　『常陸守護』八田氏再考」地方史研究協議会編『茨城の歴史的環境と地域形成』雄山閣、二〇〇九年
伊藤一美「選ばれた鎌倉御家人・千葉氏と小山氏」神奈川県退職教職員の会編『遊・心』二二、二〇一五年
茂木町まちなか文化交流館ふみの森もてぎ編『茂木文書の世界』二〇一九年
土浦市立博物館編『八田知家と名門常陸小田氏―鎌倉殿御家人に始まる武家の歴史―』二〇二二年

岡田清一

鎌倉甘縄・長谷の風景
―大仏殿・長谷寺の創建に関連して―

甘縄・長谷の諸相

鎌倉市内には、鎌倉時代までさかのぼる社寺がきわめて多い。しかし、その創建時期を知ることができる社寺は少なく、著名な社寺も例外ではない。本稿で考えようとする鎌倉市西部、甘縄・長谷地区にはいわゆる露座の大仏（鎌倉の大仏）や長谷寺が現存するが、その創建時を確定することは容易ではない。本稿は、大仏殿や長谷寺の創建を検討するなかで、鎌倉期の甘縄・長谷地区の地域性を考える基礎作業としたい。なお、引用資料が『吾妻鏡』の場合は、紙幅の関係からその都度の記載は省略したい。

では、大仏殿や長谷寺の所在した「甘縄」とは、鎌倉時代、どのような地域だったのだろうか。『吾妻鏡』には、大仏殿の所在した地を「深沢里」と記し、「甘縄」も同書に散見するが、建長三（一二五一）年二月十日条に、甘縄の辺りが焼失した。その範囲は、東は若宮大路、南は由比ガ浜、北は中下馬橋《なかのげばばし》、西は佐々目谷である。相模右近大夫将監時定（北条時房の子）や相模八郎時隆（北条時房の孫）らの邸宅をはじめとして数カ所が被災したという。

とある。すなわち、「甘縄の辺り」とは若宮大路を東限とし、南は由比浜、北は中下馬橋、西は佐々目谷に至る範囲であった（高橋一九九六）。

また、『見聞私記《けんぶんしき》』（『続群書類従』）には、永仁五（一二九七）年閏十月七日のこととして、

午後二時頃、佐々目谷口より火災が発生した。甘縄などが広く焼失した。千葉（時胤）の屋形をはじめ、兵部大輔（金沢顕実）や駿河守（北条政長）、近江守らの屋形がすべて焼け落ちてしまった。甘縄の宿坊も焼失したが、聖教類は半ばが持ち出された。

とあり、さらに正宗寺本《しょうしゅうじぼん》「北条系図」（東京大学史料編纂所影写本）には、名越光時の子盛時に「江馬次郎・稲瀬川」と小書し、盛時邸が甘縄・長谷の境界ともいうべき稲瀬川流域にあったことを示唆している（『北条氏系譜人名辞典』）。

したがって、この地域は安達泰盛や千葉時胤、金沢顕実、北条政長、名越盛時らの邸宅があったが、その西には甘縄神明社が鎮座するほか、御霊社や日吉別宮、長楽寺、無量寿院などの寺社が確認される。

また、寛喜三（一二三一）年正月二十五日条には「甘縄辺りの人家五十余軒が焼失した。放火らしい」とあり、『海道記』には貞応二（一二二三）年四月のこととして、

午後五時頃に由比ガ浜に着いた。しばらく休んで周辺をみると、数百艘の舟が纜を結びつけ、大津の浦に似ている。多くの家が軒をならべ、大淀の渡と変わらぬ光景である。御霊神社の鳥居の前を暗くなって過ぎ、若宮大路から宿所に着いた。

とあるが、由比ガ浜に数百艘の舟が浮かぶ光景は、御霊神社の鳥居の前のそれにほかならなかった。さらに嘉暦三（一三二八）年六月、平宗度《むねのり》は「甘縄魚町」の東側の土地を嫡子顕盛に譲与したが、「魚町」の存在は、「数百艘の舟」のなかに漁労にたずさわる舟が含まれていたことを推測させる。

こうしてみると、甘縄・長谷は有力な武士の邸宅が建ち並ぶばかりでなく、神社や寺院、そして庶民も共存する地域であったことがわかる。こうした地域住民の多様性は、彼らを布教対象として多様な宗教者が止住し、活発な布教活動を展開したことを推測させる。

大仏造立の周辺

多様な人々の住む界隈に隣接して、大仏殿が造立された。もっとも、その関連資料は少なく、さまざまな分野の研究者が関わるなかで、結果的に学際的な検討が進められているといってよいだろう。それ

らの現状は、塩澤寛樹氏が整理されているので（塩澤二〇一九）、その成果に学びつつ大仏造立について概述しておきたい。

造立の初見史料である暦仁元（一二三八）年三月二十三日条には、「今日、相模国深沢里の大仏堂の事始めが行われた。僧浄光が貴賤僧俗に勧進し、この造営を計画したという」とあるが、五月十八日には「大仏の御頭、これを挙げ奉る」とあるから、以前から造営作業は進められていたのであろう。さらに仁治二（一二四一）年三月、大仏殿上棟の儀式が行われた。北条泰時が執権の頃である。『東関紀行』には、「この阿弥陀仏は「八丈の御長」、奈良の大仏の半分より大きいが、金銅像ではなく木像という違いがある」とあり、当初は木像仏であった。寛元元（一二四三）年六月十六日条には、

午後二時頃、小雨が降り、雷が鳴った。深沢村に一宇精舎を建立し、八丈余の阿弥陀像を安置していたが、本日、供養の儀式が行われた。導師は卿の僧正良信、讃衆は十人。勧進聖人は浄光房で、この六年間、全国で勧進し、身分にかかわらず多くの人々が寄付された。

とあり、その完成を伝えている。その後、建長四（一二五二）年八月十七日条に「本日は彼岸の第七日にあたり、深沢里で金銅八丈の釈迦如来像の鋳造が始まった」とある。なお、釈迦如来像とあるのは阿弥陀如来像の誤りであろう。その完成を記す資料はないが、塩澤氏は弘長二（一二六二）年十月下旬〜十一月前半の完成を指摘している（塩澤二〇一九）。

延応元（一二三九）年九月日付の「新大仏勧進浄光《じょうこう》申状」に、僧浄光が幕府の下知を得て諸国を勧進したことを載せ、仁治二（一二四一）年四月、囚人が逃亡した場合、その囚人を預かっている人から過料を徴収し、新大仏殿の造営に寄進すること、さらに翌年三月には、鎌倉中で僧侶やその従類が太刀・腰刀等を帯びてはならないこと、もし身につけている場合は没収し、「大仏」に施入することなどを幕府が決めているから、造立に何らかの関与があったことは多くの先学が指摘している。

しかも、幕府内で造営を推進したのは北条氏であることも指摘されている。たとえば、清水真澄氏は頼朝が構想し、企画したのは泰時、造営を推進したのは北条時房とその子大仏朝直と具体的に示し、北条氏が幕府の名のもと費用を援助したとする（清水一九七九）。浅見龍介氏も、北条氏が主体となり、浄光はその意を受けて勧進役を演じていたこと、具体的には発願者泰時により木造大仏が、推進者時頼によって銅造大仏が造立されたとする（浅見一九九六）が、上横手雅敬氏は、幕府の全面的な援助があったものの、その前提に聖の自発的な勧進が存在したとする（上横手二〇〇九）。

造立の背景については、承久合戦（一二二一年）後、国家的祭祀・法会が導入されたことも指摘されているが、元仁元（一二二四）年正月、北条義時は鶴岡八幡宮にて「最勝八講」を、続いて五月には祈雨の法を行い、「水天供《すいてんぐ》、降雨法、仁王・観音等の御読経」も行った。これらは、洛中神泉苑《しんせんえん》で国家的祭祀として行われていた。さらに六月、降雨を祈念して、由比ガ浜、金洗沢池、片瀬河、六浦、柚河、杜戸、江島龍穴の七カ所で七瀬の御祓を行われたが、この御祓は関東で初めて行われたものであった。

泰時もまた、元仁元（一二二四）年十二月、四角四境《しかくしきょう》の鬼気《きき》祭を六浦・小壺・稲村・山内の四境で行った。この祭祀は、奈良時代に鬼魅《きみ》を防ぐため「京城四角の路上」で行われていた国家祭祀「道饗祭」が、十世紀初頭、陰陽道独自の疫神祭として成立した「四角四堺祭」に国家祭祀として継承されたこと、鬼気祭も、疫癘《えきれい》・疱瘡を鎮める国家祭祀として十世紀半ばに行われていたが、その後、「四角四堺祭」に吸収されていったことなどを岡田荘司氏は指摘している（岡田一九九四）。

泰時の行った「四角四境鬼気祭」も、陰陽寮《おんみょうりょう》に関わる安倍国道によって、鎌倉を囲繞《いにょう》する四カ所が祭場となって行われた。おそらく、祭場によって囲繞された鎌倉の疫癘を除去する祭祀は、幕府の祭祀として行われたのであり、それを司祭できるのは鎌倉殿であったが、幼年の三寅（のちの藤原頼経）に代わって泰時が行ったのである。

また、嘉禄元（一二二五）年五月、鶴岡八幡宮では「千二百口の僧供養」が行われ、仁王経・般若心経・尊勝陀羅尼経が読誦されるとともに、それぞれ百巻が書写されて諸国一宮に一巻ずつ奉納することが命じられた。天下に「疫気」が流布し、「炎旱旬を渉る」という状況に対し、泰時は諸御家人に勧めてこの「作善《さぜん》」を行ったのである。疫病・旱天に対する除災こそ幕府の安定につながり、国土の豊饒を祈る、それはまさに国家の安寧を祈念する姿勢であった（岡田二〇二一）。こうした姿勢の延長線上に、大仏造立が位置づけられている。

名越北条氏と大仏殿造営

大仏造立を推進した北条氏に関連して、建治三（一二七七）年と推定される十一月、日蓮が池上宗長

に宛てた書状には、

極楽寺殿（北条重時）は、たいへん情けないお方である。念仏者らにたぶらかされて、日蓮を排除したため、自身はおろか一門の人々も皆亡びてしまい、現在は越後守殿（重時の子業時）一人ばかりである。良観房忍性を信じて帰依した人は、酷いことになるとみられている。名越一門が善覚寺や長楽寺、大仏殿を建立されて、その一門の行く末をご覧なさい。

とある。善覚寺は善光寺の誤りと思われるが、日蓮は善光寺や長楽寺、さらに大仏殿が名越一門によって建立されたことを記し、おそらく文永九（一二七二）年の「二月騒動」によって時章・教時兄弟が殺害されたことを念頭に、念仏者にたぶらかされた者の末路を具体的に記したのである。

この日蓮の書状については、高橋慎一朗氏が「名越氏と限定的に解釈してよいか疑問」（高橋一九九六）とし、上横手雅敬氏も「名越氏が中心となって、大仏（殿）が造られたとは考えられない」（上横手二〇〇九）と否定的にとらえられている。

このような否定的な指摘の背景には、いわゆる得宗家《とくそうけ》と対立する名越北条氏というイメージが少なからずあるように思われる。たしかに朝時は、義時の正妻比企朝宗の息女を母とし、その後も北条時政の名越邸を代々継承して嫡流との意識があったことはうかがわれる。しかし、両者に確執はあるものの、必ずしも常態化していたわけではない。元仁元（一二二四）年九月、義時の没後、泰時は遺領配分の注文を尼御台所政子にみせたところ、泰時分の少なさに不安を覚えたが、泰時は執権をうけたまわっており、所領を強いて望むことはせず、舎弟らに分け与えたいと申したという。

『吾妻鏡』の潤色とも思われるが、名越北条氏との大きな対立は、泰時・朝時没後の寛元四（一二四六）年のいわゆる宮騒動、さらに文永九（一二七二）年の二月騒動において、光時の伊豆配流、時章・教時の誅殺に限られる。誤って殺害された時章の子孫には、評定衆・引付頭人《ひきつけとうにん》・執奏《しっそう》を歴任した公時やモンゴル襲来に備えて鎮西に派遣され、その後は引付衆・引付頭人についた時家などが確認され、幕政の一角を占めている（細川二〇〇〇）。もちろん、幕政の表面から消える一族もあったが、全滅したわけではない。大仏造立が発願された泰時の頃、名越北条氏がそれを担当できる環境にあったのであり、名越北条氏と得宗家との関係についても再検討すべきであろう。

そうした視点も含めて考えると、塩澤寛樹氏が「その前後に北条氏諸家を個別に述べているから、〈なこえの一門〉を北条氏全体という意味に解することはできない」とし、日蓮書状の内容は信憑性が高く、名越氏は大仏殿建立の推進者ないしは深く関与したと指摘する。首肯できよう。一方で塩澤氏は、大仏殿建立と大仏造立とを分けて考えているように思われるが、書状からそのように理解することは難しい。やはり、名越北条氏が大仏造立を含めた大仏殿造営に関わっていたと考えられよう。

善光寺・長楽寺と名越北条氏

日蓮書状にある善光寺については、『鎌倉年代記裏書』仁治三（一二四二）年六月十五日条に「入道前武蔵守正四位下平朝臣泰時が亡くなった。六十歳。新善光寺上人が知識として念仏を勧められた」とある新善光寺のことであろう。死に面した泰時に対し、念仏を勧めた「新善光寺上人」は、浄土宗西山義の智導のことで、高橋慎一朗氏は名越氏を含めた北条一門が智導を招いて新善光寺を建立したと指摘する（高橋一九九六）。

また、寛元四（一二四六）年三月十四日条には、

信濃国善光寺の供養が行われた。大蔵卿法印良信が導師となった。名越故遠江入道生西（朝時）の賢息等が、朝時の遺言を受け、大檀越としてこの供養会を行ったという。勧進上人は親基という。

とある。善光寺と名越北条氏との関係は深く、新善光寺が名越時章の名越山荘の辺りにあったというのも偶然のことではなかった。

長楽寺については、文応元（一二六〇）年四月二十九日条に、「丑の尅、鎌倉中大きく焼亡す。長楽寺前より亀谷に至る人屋と云々」とあり、『新編鎌倉志』は、寛元四（一二四六）年、北条経時が佐々目の山麓に葬られたのち、建立された梵宇が長楽寺であって、法然の弟子隆寛が住持であったと記す。ただし、隆寛は安貞元（一二二七）年十二月に没しており（「法然上人行状畫圖」国立国会図書館デジタルコレクション）、あるいは京都長楽寺に居住したことからの誤伝であろう。また、「法水分流記」や「浄土惣系図（西谷本）」（野村二〇〇四）によれば、鎌倉長楽寺の住持は隆寛の弟子智慶であり、「浄土伝灯

物系譜」（高橋一九九六）にも、

南無と号す。関東の人。以前は台徒＝天台宗徒であったが、のちに浄土宗に帰依した。教えを京都の長楽寺で授けられた。のちに鎌倉長楽寺で、受け継いだ宗義を弘めた。

とあって、鎌倉長楽寺で布教活動を展開していたことを載せている。

一方、宝治元（一二四七）年五月、夭逝した将軍藤原頼嗣の御台所（経時の妹）が「佐々目谷故武州禅室経時の墳墓の傍ら」に埋葬されており、翌年三月には時頼が「佐々目堂」において経時の「第三年の仏事」を般若房律師を導師として行っている。また、経時の長子隆政は、「入来院《いりきいん》家本『北条氏系図』」（山口二〇〇二）に「佐々目権律師」とあり、隆政の弟頼助も文永二（一二六五）年二月、佐々目の遺身院で伝法灌頂を受け、正応元（一二八八）年には僧正・東寺第二長者につき、正応五（一二九二）年、大僧正に昇って佐々目大僧正と称された（「仁和寺諸院家記」『群書類従』・永井二〇二〇）。

二人の呼称は、佐々目堂あるいは遺身院に由来すると思われるが、長楽寺ではない。智慶が鎌倉に長楽寺を開山した時期は明らかではないが、隆寛が没した安貞元（一二二七）年以降、遅くとも文応元（一二六〇）年以前であろう。ところが、頼助が遺身院で伝法灌頂を受けたのは文永二（一二六五）年であって、遺身院と長楽寺は併存していたことになる。すでに坪内綾子氏は、『新編鎌倉志』は佐々目に関する情報が乏しく、経時墳墓堂＝長楽寺を否定している（坪内二〇一七）が首肯できよう。

長楽寺と名越北条氏との直接的な関わりを確認できないが、隆寛に帰依した毛利季光と名越朝時は、後述するように婚姻関係によって結ばれていた。すなわち、智導を招請して新善光寺を創建した名越北条氏と毛利季光は、法然門流に属した「念仏行者」であった。

なお、『新編鎌倉志』は佐々目谷の北に位置する佐助谷（光明寺畠）に、北条経時が浄土宗鎮西義の然阿良忠を開山として蓮華寺を建立し、のちに光明寺と改めたとする。蓮華寺の前身を悟真寺とする指摘はあるが（松葉二〇一七）、良忠の弟子尊観良弁は名越朝時の子であった（野村二〇〇四）。

さらに、弘長三（一二六三）年十月、極楽寺で北条重時の「第三年の仏事」が行われたが、導師宗観は証空の弟子で、『浄土物系図（名越本）』（野村二〇〇四）には「名越一族　鎌倉極楽寺　根本」とある。具体的な系譜がわからないものの、名越北条氏は時政の名越邸を継承するとともに、「甘縄」の長楽寺や極楽寺など鎌倉西域との関連を示す痕跡であろう。彼らをまとめると、次のような門流系譜になる。

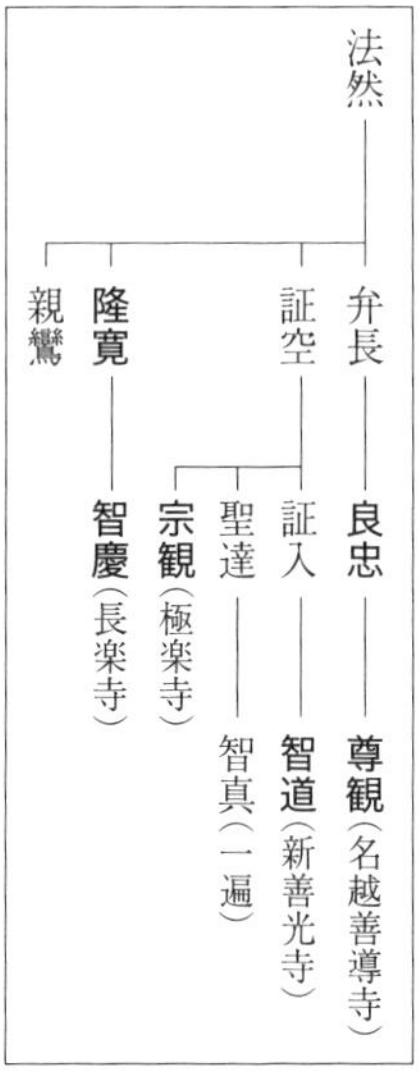

図１

長谷寺創建の周辺

大仏殿以上に長谷寺も創建等に関する資料が欠如し、さらに謎多い寺院であろう。かつて鶴岡静夫氏は、福島県棚倉町に現存する八槻《やつき》都々古別《つつこわけ》神社の木像十一面観音台座銘に「三十三所観音」・「天福二年七月十九日」とあることから、坂東札所は鎌倉初期から天福二（一二三四）年までに成立しており、「ごく少数のもの（四番長谷寺など）は鎌倉初期にできたらしい」と指摘（鶴岡一九六九）、さらに齋藤慎一氏も「坂東三十三所」の札所には鎌倉幕府の将軍・御家人を檀越とするものが多く、この頃（天福二年・筆者註）には坂東札所の成立とともに長谷寺が存在したと指摘する（齋藤二〇〇八）。

これに対し、三浦浩樹氏は明確に「坂東」と記されていない点から否定的であり（三浦二〇一七）、筆者もまた「三十三所観音」が『法華経』観世音菩薩普門品第二十五（いわゆる「観音経」）に説かれる「観音三十三応現身」に由来する象徴的な数値と考えることもできるから、具体的な霊場を前提とした「三十三所」とは断定できないと思量する。

また、馬淵和雄氏は長谷寺が現蔵する弘長二（一二六二）年七月十□日銘の阿弥陀一尊板碑の存在と現観音堂新築にともない出土した人骨・火葬蔵骨器（常滑焼大甕）、特に人骨には真言陀羅尼や種子が記されていることから、本葬納骨後、焼骨の一部を観音霊場へ収めたことが考えられ、鎌倉時代後期には長谷寺への信仰が始まっていたとして、弘長二（一二六二）年にはすでに建立されていたと指摘している（馬淵一九九八）。

いずれも、創建を示す直接的な資料ではないが、同寺に現存する文永元（一二六四）年七月十五日銘の梵鐘には「新長谷寺」とあり、「当寺住持真光・勧進沙門浄仏・大工物部季重」が関わって鋳造されたことは明らかである。もちろん、この鐘銘も長谷寺の創建時期を明示するものではないが、少なくとも文永元（一二六四）年七月には建立されており、当初は「新長谷寺」と呼称されていたことがわかる。

ところで、梵鐘鋳造直後の九月、日蓮が安房国長狭郡東条の蓮華寺で浄円房に与えた「当世念仏者無間地獄事」には、

いかにいわんや、念仏宗の長者たる善慧（善恵証空）・隆観（寛）・聖光（弁阿）・薩生・南無（智慶）・真光等、みな悪瘡等の重病を受けて臨終に狂乱して死するの由、これを聞き、またこれを知る。それより已下の念仏者の臨終の狂乱、その数を知らず。

とある。日蓮は、狂乱して最期を迎えた多くの念仏者の具体例として善慧ら六人の名を挙げたのであるが、ここに記された「真光」とは梵鐘名の「当寺住持真光」のことではないだろうか。九月の「御書」に死没したと記された真光が、七月の梵鐘銘に記されているのは、七月以前に鋳型が造られていたからであろう。ただし、真光に関する資料はほかに確認できず、その法流についても確認できないが、真光の名を日蓮が記したのは長谷寺の存在があったからであろう。

なお、文永五（一二六八）年十月、日蓮は「大蒙古国簡牒到来に就いて」十一通の書状を、長楽寺や大仏殿・極楽寺・建長寺・浄光明寺・寿福寺・多宝寺など有力八寺院のほか、得宗被官宿屋入道に送り、

「早く邪法・邪教を捨て、実法・実教に帰すべし」と申し入れたのである。それらは、寺院に対しては「侍者御中・御所」などの脇付を、宿屋氏らには「謹上・進上」を記したいずれも厚礼の書状であった。これらは北条氏所縁の寺院とみられ、日蓮の書状提出がきわめて政治的意味合いの深いものであったことがわかるが、ここに含まれていない長谷寺は、北条氏とは無縁の寺院でもあったことになる。なお、「勧進沙門浄仏」についてはわからない。

鋳物師集団と毛利庄・大江毛利氏

「大工物部季重」は、すでに文応二（一二六一）年三月、武蔵国高麗《こま》勝楽寺《しょうらくじ》（埼玉県日高市）の梵鐘を鋳造しており、坪井良平氏によると、物部姓鋳物師の活動範囲は、十三世紀中葉〜十四世紀中葉に限られるものの、相模・武蔵両国で確認されていること、十四世紀初頭〜十五世紀中葉には清原姓鋳物師の作例が確認され、その後、相模国毛利庄在住の鋳物師が活動するという。坪井氏は、清原姓鋳物師が物部姓鋳物師の技法、作風を継承しており、両者のきわめて親近な関係を推測するとともに、物部姓鋳物師もまた毛利庄の住人であって、清原氏がそのあとを襲ったとみるのが妥当ではないかと推測している（坪井一九六七）。

　また、市村高男氏も梵鐘や金工品にみられる相模の鋳物師を検出・検討するなかで、河内国に本拠を有した物部姓鋳物師が、大仏造立事業に際して北条氏等の招聘を受け、ほかの有力な河内鋳物師とともに鎌倉に出職したこと、大仏鋳造が終わった後も物部姓鋳物師は毛利庄内に移住・定着し、その後も幕府ないし北条氏と直結して相模・武蔵の有力社寺の梵鐘を鋳造し続けた特権鋳物師であったことなどを指摘する（市村一九九四）。

大仏鋳造がいつ終わったか確認できないが、清水真澄氏は文応元（一二六〇）年の川越養寿院鐘銘に記された「鋳師丹治久友」が、文永元（一二六四）年の金峯山蔵王堂鐘銘には「鎌倉新大仏鋳物師丹治久友」と変わっている点に留意し、この間の完成を指摘している（清水一九七九）。それは、大仏殿造営と並行して、あるいはその直後に「大工物部季重」が長谷寺の梵鐘鋳造に関わったことと時期的齟齬はない。

この毛利庄を支配したのが大江毛利氏であったことは、長谷寺建立に当該氏が何らかの関わりをもったことを予測させる。周知のように、毛利氏は大江広元の四子季光に始まる。『吾妻鏡』によれば、建保六（一二一八）年六月、実朝に供奉して鶴岡八幡宮に社参したのを初見とするが、承久三（一二二一）年以降、「入道西阿」として現れる。承久元（一二一九）年正月の実朝暗殺にともない出家した長兄親広・次兄時広と同時に出家したものと思われる。建仁二（一二〇二）年の出生と考えられているから、十代半ばの出家であった。

出家後ではあるが、嘉禄三（一二二七）年八月、京都長楽寺の隆寛がいわゆる「嘉禄の法難」によって陸奥国への配流が決定すると、毛利季光は隆寛とともに東下した。その時、隆寛に帰依して所領毛利庄飯山に匿い、尊崇の念を深くしたという。もっとも、その年の十二月、同地で没したという。おそらく、鎌倉長楽寺を開創した智慶も同行したものと思われる。なお、隆寛が毛利庄に下る時、北条朝直

（時房の子）は御霊社の前で追いつき、その教えを受けたという（「隆寛律師略傳」『続群書類従』）。

天福元（一二三三）年十一月、季光（西阿）は関東評定衆に任じられ、延応元（一二三九）年十一月には、女子が北条時頼に嫁し、さらにその時期は不明ながらも嫡子広光が名越朝時の女子と婚姻関係を結ぶなど北条氏との結びつきを強めていった。しかし、宝治元（一二四七）年六月、いわゆる宝治合戦で妻が三浦泰村の妹でもあったことから三浦方につき、季光や広光ら子息の多くが鎌倉法華堂で自刃した。

大江毛利氏と名越北条氏

宝治合戦で毛利季光が自害した（宝治元年）後も、毛利氏を含む大江一族は北条氏諸流と重複的な婚姻関係を成立させている。そこで、野津本北条系図（皇學館大学史料編纂所『福富家文書』）や山口隼正氏が紹介した「入来院家所蔵平氏系図」（山口二〇〇二）などを参考にして、両氏の姻戚関係をまとめてみよう。

季光・広光らの自害後、毛利の本宗家は経光に移り、その子孫は越後国佐橋荘を支配した越後毛利氏、安芸国吉田荘を支配した安芸毛利氏として残るが、広光系も断絶したわけではない。すなわち、広光の子章弁（国史大系本『尊卑分脉』は円道とする）は幕府の高僧隆弁の弟子となり、その子公恵は名越公時の養子となって「将軍家護持僧」に任ぜられ、嘉暦元（一三二六）年に没したが、『常楽記』（『群書類従』）は「名越摩美法印」と記している（永井二〇二〇）。

宝治合戦の後、毛利庄の支配がどのように推移したのか不明な点が多いが、足利尊氏が「毛利庄奥三

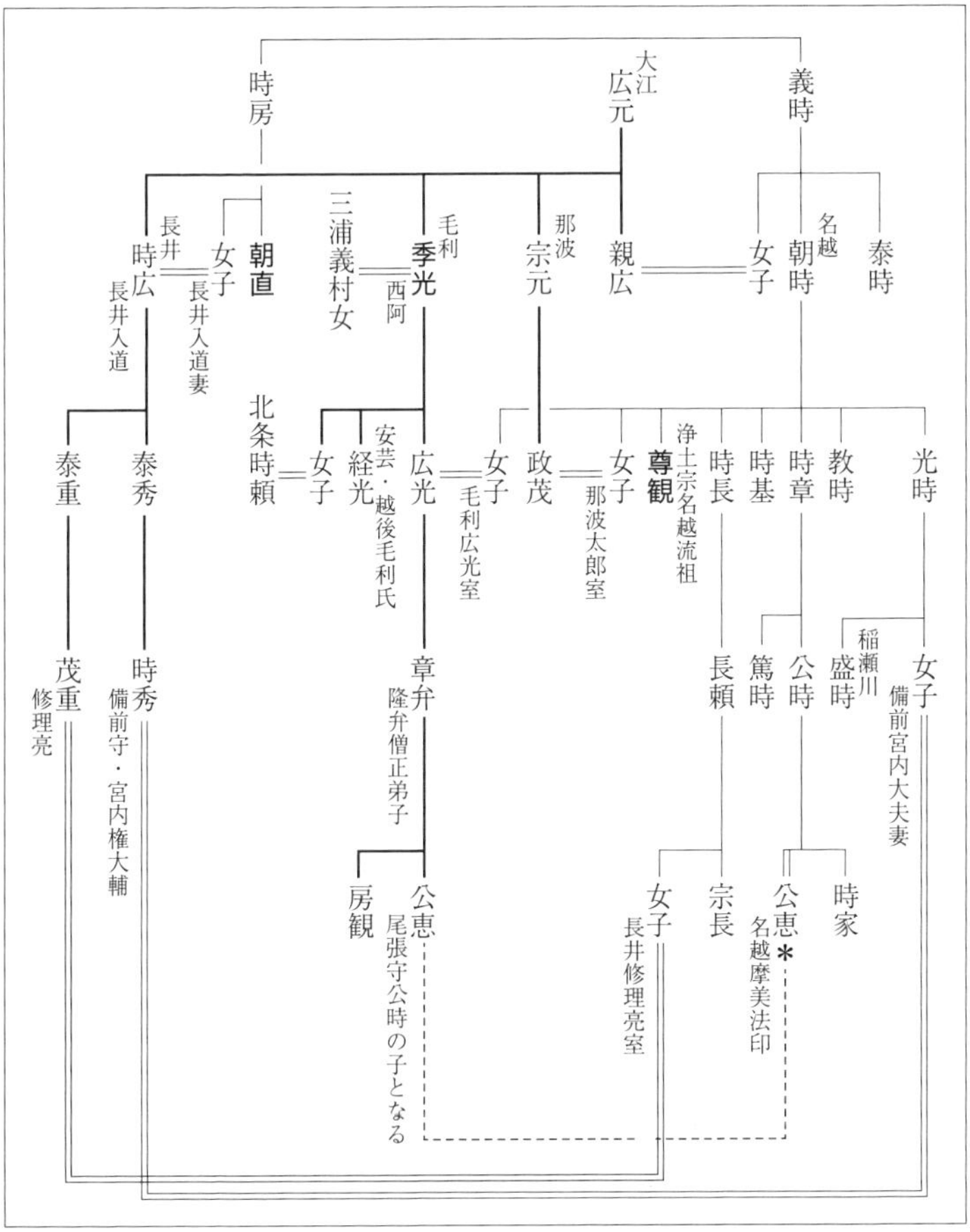
時房
大江 広元
義時
長井 時広
長井入道
女子
長井入道妻
朝直
三浦義村女
毛利 季光
西阿
那波 宗元
親広
女子
名越 朝時
泰時
泰重
泰秀
北条時頼
女子
経光
安芸・越後毛利氏
広光
女子
毛利広光室
政茂
女子
那波太郎室
尊観
浄土宗名越流祖
時長
時基
時章
教時
光時
茂重
修理亮
時秀
備前守・宮内権大輔
章弁
隆弁僧正弟子
長頼
篤時
公時
稲瀬川 盛時
女子
備前宮内大夫妻
房観
公恵
尾張守公時の子となる
女子
長井修理亮室
宗長
公恵＊
名越摩美法印
時家

図2

保内若柳・日連・牧野」を極楽寺の舎利会料所として寄進したことが、極楽寺長老に宛てた足利義詮の書状（極楽寺文書『神奈川県史・資料編2』）から確認できる。鎌倉幕府の倒壊後、北条氏の所領の多くが足利尊氏・直義に与えられており、毛利氏から没収された毛利庄は北条氏の所領となり、その後、尊氏ないし直義が支配したものと思われる。

すなわち、毛利氏が毛利庄を没収された後も、長谷寺の造営事業は、ほぼ大仏殿造営と並行して進められ、鋳物師物部季重は梵鐘鋳造に関わっていたのであり、その背後に毛利庄を支配した北条氏の関与も想定できる。

長谷寺の梵鐘鋳造直後の文永元（一二六四）年九月、日蓮が著した「当世念仏者無間地獄事」に「念仏宗の長者」の一人として長谷寺住持と思われる「真光」の名が記されたのも、北条氏と関わる長谷寺建立が意識されてのことではなかろうか。もっとも、文永五（一二六八）年十月、日蓮が「大蒙古国簡牒到来に就いて」を送った対象に長谷寺は含まれなかった。単なる推論の域を脱し得ないが、長谷寺建立は幕府・北条氏の発願でなく、毛利氏衰退後の関与であって、すなわち幕政への影響力のなさ故に、送る意味を感じなかったのであろう。

長谷寺の創建に関連して、浅見龍介氏は大仏鋳造と同じ頃、その近くに長谷観音と十王堂（現在は円応寺となって山ノ内に移転）が造られたこと、さらにそれぞれの寺院の役割を考慮したうえで、十王（堂）、長谷寺（観音）、大仏殿（阿弥陀）の三者は無関係のものではなく、統一的な構想のもとに造立されたと指摘した（浅見二〇〇一）。

特に大仏殿・長谷寺の創建に関して『吾妻鏡』に極端に少ないことは、その編纂過程で名越北条氏の足跡をできる限り排除しようとした、得宗家と対立する名越北条という認識が影響を与えたことを想定できるならば、興味ある見解といえる。しかし、統一的な構想＝幕府・北条氏によって造営されたと判断することは難しく、今後の課題となろう。

「地獄谷」と呼称されていた都市鎌倉の周縁部に対する石井進氏の指摘（石井一九八一）以来、多くの都市鎌倉論が展開されてきたが、その実態解明にはさらに多くの基礎作業が必要であることはいうまでもない。

参考文献

浅見龍介「鎌倉大仏の造立に関する一試論」東京国立博物館編『MUSEUM』五四三、一九九六年
浅見龍介「新仏都に出現した宋風の巨像」『朝日百科　国宝と歴史の旅（下）』、二〇〇一年
石井　進「都市鎌倉における「地獄」の風景」『御家人制の研究』吉川弘文館、一九八一年
市村高男「中世相模における鋳物師の存在形態」『六浦文化研究』五、一九九四年
上横手雅敬氏『権力と仏教の中世史』法藏館、二〇〇九年
岡田荘司『平安時代の国家と祭祀』続群書類従完成会、一九九四年
岡田清一『鎌倉殿と執権北条一三〇年史』ＫＡＤＯＫＡＷＡ、二〇二一年
齋藤慎一「東国武士と中世坂東三十三所」埼玉県立嵐山史跡の博物館編『東国武士と中世寺院』高志書

院、二〇〇八年
塩澤寛樹『鎌倉大仏の謎』吉川弘文館、二〇一九年
清水真澄『鎌倉大仏―東国文化の謎―』有隣堂、一九七九年
高橋慎一朗『中世の都市と武士』吉川弘文館、一九九六年
高橋慎一朗『中世鎌倉のまちづくり―災害・交通・境界―』吉川弘文館、二〇一九年
坪内綾子「笹目谷　忘れられた霊地」高橋慎一朗編『鎌倉の歴史　谷戸めぐりのススメ』高志書院、二〇一七年
坪井良平「中世相模梵鐘鋳物師考」『金沢文庫研究』一四〇、一九六七年
鶴岡静夫『関東古代寺院の研究』弘文堂、一九六九年
永井　晋『鎌倉僧歴事典』八木書店、二〇二〇年
野村恒道等編『法然教団系譜選』青史出版、二〇〇四年
細川重男『鎌倉政権得宗専制論』吉川弘文館、二〇〇〇年
松葉　崇「佐助谷　発掘された屋地と寺」高橋慎一朗編『鎌倉の歴史　谷戸めぐりのススメ』高志書院、二〇一七年
馬淵和雄『鎌倉大仏の中世史』新人物往来社、一九九八年
三浦浩樹「観音信仰のメッカ　長谷」高橋慎一朗編『鎌倉の歴史　谷戸めぐりのススメ』高志書院、二〇一七年

山口隼正「入来院家所蔵平氏系図について（上・下）」『長崎大学教育学部社会学論叢』六〇、六一、二〇〇二年

〔附記〕

本稿は令和四年十一月二十六日、長谷寺（鎌倉市）での講演「大江・毛利氏と鎌倉長谷寺―『甘縄』の諸相と名越流北条氏―」の一部を文章化したものである。

川島優美子

奥州合戦と『吾妻鏡』
―日付の書かれた旗と弓袋から―

はじめに

一一八九（文治五）年の奥州合戦は鎌倉幕府成立過程において最も重要な出来事の一つである。その奥州合戦に関する研究は、ほぼ全面的に『吾妻鏡』に依拠しており、『吾妻鏡』の奥州合戦記事は、従来きわめて詳細でしかも概ね正確なものであるという評価が与えられている。

しかしその一方で、『吾妻鏡』の奥州合戦記事に関してはいくつか疑問も呈されている。おそらくこの部分の読解を試みた方なら、行軍の日付や地理的位置、各人物の動きなどに、疑問を感じられたことがあるのではないだろうか。そのような小さな疑問の一つから、『吾妻鏡』の原史料論の一端をのぞいてみたいと思う。

［読み下し］

（九月）廿日丁丑。奥州羽州等の事。吉書始《きっしょはじめ》の後、勇士等の勲功を糺し、各賞を行われ訖ぬ。その御下文今日これを下さる。或は先日これを定め置かれ、或は今書き下さる所なり。而るに千葉介最前にこれを拝領す。凡恩を施す毎に常胤を以て初めと為すべきの由、兼日の約を蒙ると云々。先ず国中の仏神事、先規に任せこれを勤仕し、次いで金師《かなし》等においては違乱を成すべからざるの旨、浴恩の輩に仰せ含めらると云々。畠山次郎重忠葛岡《くずおか》郡を賜わる。是狭小の地なり。重忠傍人に語らって云く、この度重忠先陣を奉ると雖も大木戸《おおきど》合戦の先登を他人がため奪われ畢ぬ。時に子細を知ると雖も重忠敢えて確執せず。是其の賞を傍輩に周くせしめんがためなり。今これを見るに、果たして皆数カ所の広博の恩に預かる。恐らくは重忠の芳志と謂ふべきかと云々。この外の面々の賞、勝計すべからず。次いで紀《き》権守、波賀《はが》次郎大夫等の勲功の事、殊に御感の仰せを蒙る。但し所領を賜わるには及ばず、旗二流を下され、子孫の眉目に備ふるべきの由を仰せらると云々。小山下野大掾政光入道郎等保志黒次郎・水代《みずしろ》六次・池次郎等同じく旗・弓袋《ゆみぶくろ》を賜る。勲功の賞に依り下し賜うの由、銘を加えらるる所なり。盛時これを書く。

文治五年九月廿日と云々

（『吾妻鏡』文治五年九月二十日条〈以下断りのない限り史料は『吾妻鏡』とする。〉）

［現代語訳］

九月二十日丁丑。奥州羽州等のことについて吉書始が行われた後、勇士らの勲功を調べ、各々に恩賞が与えられた。その御下文が今日下された。ある者は先日定め置かれ、またある者は今日これを下された。すると千葉介常胤が最初にこれを拝領した。およそ恩を施す度に、常胤を最初にすると、かねてから約束をしていただいていたという。まず国中の仏事神事は、先例通りにこれをつとめること、次に金の採掘職人らに対しては、違乱をはたらいてはならないことを、恩賞を賜った者たちに言い含められたという。畠山次郎重忠には葛岡郡を賜った。これは狭小の地だった。重忠が同輩に語ったことには、この度重忠は先陣をうけたまわったにもかかわらず、大木戸合戦の先登を他人によって奪われてしまった。その時、その状況に気づいたが重忠はあえてとやかく言わなかった。これは先陣の恩賞を同輩たちに行き渡らせるためだった。今この恩賞を見ると、はたして皆数カ所の広い所領の恩賞にあずかっている。おそらく重忠の芳志のおかげというべきだろうと言ったという。この他の面々の恩賞は、一々数え上げることができないほどだった。次に紀権守・波（芳）賀次郎大夫等の勲功のこと、特に感心したとのお言葉をいただいた。ただし所領を賜るには及ばず、旗二流を下さり、子孫に至るまでの名誉とするようにとおっしゃったという。小山下野大掾政光入道の郎等の保志黒次郎・水代六次・池次郎等も同じく旗と弓袋を賜った。勲功の賞として下し賜ったものであるとのこと、銘を書き加えられた。平盛時がこれを書いた。

「文治五年九月二十日」

この年七月から始まった、奥州藤原氏との合戦が、一段落した後の記事である。一見するといかにもあり得そうな場面だが、釈然としない点が多い。第一の疑問は、「吉書始」という重要な儀式が行われたにもかかわらず、どこで行われたのか場所の記載がないことである（菅野二〇二一）。吉書始とは、何かを新規に開始する際、吉日を選んで天皇や将軍に奏覧する儀式で、鎌倉幕府においては鎌倉に新造された公文所の開庁の際に行われたのを初見として、政所の開設、年首や将軍の代始などで行われた。それが行われた場所が記載されていないのは不自然と言わざるを得ない。

第二の疑問は論功行賞として千葉常胤以下が恩賞にあずかり、「面々の賞、勝計すべからず」と従軍した御家人に数多くの恩賞が与えられたと述べながら、具体的な恩賞は畠山重忠の「葛岡郡」（「葛岡郡」という郡名は存在が確認できないので「長岡郡」の誤記かなど諸説ある）と、宇都宮氏と小山氏の郎党に与えられた旗と弓袋のみなのである。総勢二十八万余、しかも名だたる御家人が総出の合戦において上層御家人の恩賞がいっさい記されず、御家人ですらない、最末端の郎党が賜った恩賞のみがわざわざ名前をあげて記されている。どう解釈したらよいのだろうか。

そもそも、鎌倉幕府の主従制は、一所懸命の土地を介して、鎌倉殿と御家人が御恩と奉公の関係で結ばれていたとされるが、その御恩が「所領を賜るには及ばず」旗や弓袋だったということが、本当にあったのだろうか。与えるべき所領がなくても、本領を安堵したり、諸役免除の特権を与えたりといった形での恩賞の例はいくらでもある。しかも小山氏の郎党の保志・水代・池氏は、後で述べるが非常に小規模な在地領主だが、紀氏と芳賀氏は、芳賀氏の本姓が清原であることから紀清両党と称された宇都宮氏の有力な郎党である。彼らが賜った恩賞も旗や弓袋だったというのだ。

さらに疑問なのは、宇都宮氏と小山氏の家臣に、頼朝が直接恩賞を与えている点である。御家人に率いられた彼らの郎党が、たとえ旗や弓袋とはいえ、主人の頭越しに頼朝から御恩を頂いた。これは御家人制のシステムそのものに関わる問題である。

九月二十日条は謎だらけなのである。

奥州合戦の原史料

そこで、もう少しこの日の記事を詳しくみてみよう。

まず同日条を、『吾妻鏡』の読み方の基本である「引用史料」と「地の文」に分けてみたい。『吾妻鏡』は、書状などの文書を引用した「引用史料」の部分と、編纂者の手によって作文された「地の文」によって構成されており、史料としての信用度は前者の方が高い。

この日、吉書始が行われ論功行賞について下文が下されたとするが、それに関する文書の引用はない。「国中仏神（中略）浴恩の輩に仰せ含めらる」の部分は原史料が存在した可能性はあるが、この日に発給された文書の引用であることを示す記述はない。

唯一引用史料であることが確実なのは、この日の条の末尾に行を改めて書かれた「文治五年九月廿日」の部分である。「勲功の賞に依り下し賜うの由、銘を加えらる所なり。（右筆の）盛時これを書く」の「銘」がこの日付であり、旗と弓袋に書かれたものだ。ただし盛時の署名も勲功の内容についての記載も何もない。したがってこの日の記事の引用史料は最後の日付部分だけで、あとは地の文か、原拠史料があったとしても確証はない。

それでは確実な引用史料に関わる保志黒次郎・水代六次・池次郎とは何者なのだろうか。

この三人は、水代（栃木市大平町西水代・東水代）以外は本拠地を特定できないが、おそらく下野国中泉荘（栃木市付近）に拠点をもつ非常に小規模な在地領主だったと考えられる。興味深いことに栃木市都賀《つが》に小南城と呼ばれる城館跡があり、飯塚左近将監頼氏という城主が奥州合戦の際の勲功で頼朝から旗を与えられたという伝承があり、「幡張《はたばり》」という地名も残っている（『日本城郭大系』）。もし『吾妻鏡』の記事と同じ人名であれば、『吾妻鏡』から生まれた伝承とも考えられるが、『吾妻鏡』にはない人名で、しかもゆかりの地名がセットになっている。この地域には類似の伝承が分布しているのだ。

九月二十日条の原史料として、日付の書かれた旗と弓袋が使われたことは間違いないだろう。

それでは『吾妻鏡』の奥州合戦記事全体ではどのような原史料が使われているのだろうか。一般的には軍奉行として従軍していた二階堂行政によって作成された記録（合戦記）が使用されていたと考えられている（五味一九九二）。その記録自体は残されていないが、どのようなものだったかを推定する材料はある。京都の吉田経房宛に、合戦の次第を行政が書き送った書状が『吾妻鏡』に引用されている（文治五年九月八日条）。これには七月十九日の鎌倉出発から、九月三日に藤原泰衡の首級到来までの出来事が、日を追って記されている。出羽国については八月十三日の合戦で敵を討ち取ったとしか書かれていないのは、北陸道軍には軍奉行がいなかったためであろうか。ともかく頼朝率いる大手軍の動きについては、日付と場所、出来事が簡潔かつ的確に記されている。これが合戦記の様式だったと推定できる。したがって奥州合戦記事のなかでその書状に書かれた内容及びその様式に沿った部分は、概ね正確な史実を伝えているとみてよいだろう。しかしすべてがそうというわけではない。

そこで先に述べた第一の疑問だが、九月二十日条には場所が記されていない。このことは行政が作成した合戦記を原史料としていないことを示唆する。『吾妻鏡』の奥州合戦記事は、往路と帰路でその書きぶりがまったく異なっていて、往路が時刻まで記されるほどきっちりと行程が記されているのに対して、帰路については、いつどこに着いたのかも明確に記されていない。往路と帰路では異なる原史料が使われたのではないかという指摘もある（菅野二〇二二）が、そもそも合戦記は戦いの記録であり、戦いが終わった後の帰路では、作成されなかったのだろう。

小山一族と畠山重忠

もう一つ、奥州合戦の原史料として注目されているものとして、島津家に伝わる文治五年八月二十日付の源頼朝書状がある（『薩藩旧記雑録』巻一）。

この書状は、頼朝の本隊に先立つ先発隊の「北条・三浦十郎・和田太郎・相馬二郎・小山田之者・奥方先陣したる者共・和田三郎・武蔵之党々之者共」（原文仮名）に宛てて、軽率な行動をくれぐれもしないように、慎重な行動を求め、二万騎が揃ってから行動することを指示し、これを順番に回覧し各々返事をするように命じているものである。これは『吾妻鏡』同日条に、ほぼ同じ内容の記事があることから、従来『吾妻鏡』の奥州合戦記事の正確さを示すものと評価されてきた。しかしさらに一歩進めて、『吾妻鏡』の記事は、頼朝書状を原史料として書かれたものであるという説が出された（大石二〇〇三）。元々史料としての信用度は、頼朝書状の方が高い。問題はこの二つの史料で、登場する人名に異同があるということである。頼朝書状の北条・相馬・小山田・「奥方先陣したる者共」が、『吾妻鏡』では小山之輩と畠山次郎に置き換わっているのである。

理由はさまざまに検討されているが、少なくとも『吾妻鏡』編纂者に、奥州合戦において小山氏と畠山重忠の勲功を意図的に創り出そうという作為があったとみるべきではないだろうか。

そのような目でもう一度小山氏の動きを見直してみよう。これに先立ち、八月七日、阿津賀志山《あつかしやま》手前の国見宿（福島県伊達郡国見町）において、頼朝は明暁泰衡の先陣を攻撃すべきことを宿老たちと内々に話し合っている。それを聞いた小山朝光は、頼朝の近習として寝所の警護をしていたが、密かに抜け出し、兄朝政の郎従を連れて阿津賀志山に至ったという。先登を意識したためだという。しかし、翌日卯の刻（午前六時）には、畠山重忠・加藤景廉・工藤行光・同助光等とともに小山朝光も箭合わせを開始し、阿津賀志山の前に陣取っていた平泉方の金剛別当季（秀）綱の軍と戦っている（八月八日条）。朝光は、寝所の警護を怠ってまで阿津賀志山に夜明け前に登り、何もせずに急いで戻り箭合わせに加わったというのだろうか。この朝光の動きは理解し難い。

さらに八月十日条では、阿津賀志山合戦に勝利した頼朝軍は、阿津賀志山をこえ、藤原泰衡の異母兄国衡の陣のある大木戸口（国見町大木戸）に攻め近づいた。そこで畠山重忠・小山朝政・同朝光・和田義盛・下河辺行平・藤原成広・三浦義澄・佐原義連・加藤景廉・葛西清重等が身命を棄てて戦ったと記してから、前夜のこととして次のエピソードを挿入している。

小山朝光と宇都宮朝綱の郎従紀権守・波賀次郎大夫已下七人が、安藤次を山の案内者として面々が甲を背負い馬をひき密かに頼朝の宿所を抜け出て、藤田宿（福島県伊達郡国見町）から会津（福島県会津若松市付近か）方面に向かい、土湯（福島県福島市土湯）の岳、鳥取越（国見町）等をこえて国衙本陣の大木戸を後ろ側から襲撃したという。このメンバーは、冒頭の九月二十日条に対応するものと思われる。そして彼らの経路については、古く吉田東伍が『大日本地名辞書』において「藤田宿より鳥取越の間道は然るべきなれど、そは会津土湯嵩と全く異境に属す」として、鳥取越から大木戸は然るべきだが、会津と土湯はまったく別の場所であり、地理的錯誤であるとする。これは地図を見れば明らかだ。さらに吉田は、この記事が八月八日条の石那坂合戦（これも日付の錯誤が指摘されている）において、常陸入道念西父子の北西側の佐原（福島市佐原）から石那坂《いしなざか》（福島市関屋付近）の背後を衝いた行動が、大木戸奇襲に誤り入り込んだと説明する（石那坂合戦については小林二〇〇一）。さらに「安藤次を山の案内者として面々甲を背負い馬をひき」というエピソードは、『平家物語』の一の谷の合戦における「鵯越」、この記事に続いて国衙の郎従が逃げた後、残留し戦っていた十三歳の金剛別当の子息を朝光が討ち取る場面は、同じく『平家物語』の「敦盛最後」に類似するという指摘もある（藪本二〇二二）。合戦記を基にした記事であるなら、日時や地理的位置関係に破綻をきたすことは考えられない。つまりこのような矛盾のある記事は、合戦記以外の何らかの原史料からつくられた記事とみてよいだろう。そのような原史料として各御家人の「家伝」のようなものが想定されているが、そこに編纂者が加筆したと思われる。八月七・八日の記事では、箭合わせと金剛別当秀綱との戦いは合戦記によるものだが、そこに小山朝光の抜け駆けの記事が挿入されている。十日条は、八日条の常陸入道念西父子（伊達氏の祖といわれる）の家伝的エピソードの、編纂者による二番煎じ、剽窃であろう。

ともかく『吾妻鏡』における小山氏の動きをみると、八月七日に宿所を密かに抜け出して阿津賀志山に先登し、十日には搦手から大木戸を奇襲し、二十日には頼朝本隊から分かれて先発隊に加わるという奮戦ぶりが描かれる。しかし、ここまでの検討で、どれも矛盾点の多い記事であると言わざるを得ない。

なぜ、これほど小山氏が手柄にはやったと描かれたのだろうか。

これに先立ち伏線となる記事がある。合戦前の七月二十五日の、有名な小山政光と熊谷直家のやりとりである。頼朝が熊谷直家を本朝無双の勇士と讃えて、戦場での数々の勲功を褒めているのを聞いた政光は笑いながら、「熊谷などは指揮する郎党がいないから自ら手柄を立てているのだ。小山は郎党を使って忠節を遂げている。しかし今度は自分たちで戦い勇士と呼ばれるようにしなさい」（同日条）と子息の朝政・宗政・朝光らに命じたという。同じ御家人といえども規模に大きな差があり、しばしば武蔵武士と下野武士の存在形態の違いを象徴する逸話として引用されるが、一連の朝光の行動の伏線として、七月二十五日に父親から発破をかけられたためであるという筋書きを、編纂者が描いたものとみてよいだろう。

畠山重忠関連の記事を、もう一つ検討したい。八月九日、阿津賀志山合戦当日の明け方、三浦義村・

葛西清重・工藤行光・同助光・狩野親光・藤沢清近・河村千鶴丸の七騎が、先陣である畠山重忠の陣を抜け駆けして、阿津賀志山に先登しようとして夜もすがら峯嶺を越えて木戸口に至り、藤原泰衡の郎従と戦ったという（同日条）。この戦いで狩野親光は命をおとし、工藤行光、藤沢清近らの奮戦ぶりがリアルに描かれる。ところがこの抜け駆けの先登での三浦義村と葛西清重の活躍は具体的には描かれない。そもそも二人は多くの郎従を率いる大将クラスの御家人であり、数万規模の軍勢の合戦において彼らがたった七騎の抜け駆けに加わるだろうか。編纂者が工藤氏と狩野氏周辺の家伝（工藤氏と狩野氏は同族であり、藤沢氏と工藤氏はこれを機に縁組をすることになったエピソードを含み、いかにも家伝にふさわしい）に葛西清重と三浦義村の名前を加筆したのではないだろうか。

またこの記事では、抜け駆けをした七騎に対して重忠の郎従榛沢成清が、気づきながら止めようとしない主人を諫めたところ、「先陣を仰せつかっているのは自分なので、それ以前の合戦はすべて重忠一身の勲功なのだ」と答えたという（同日条）。これも狩野・工藤氏の家伝的エピソードに先陣大将の重忠を挿入したものだろう。これは九月二十日条の、先登を他人に奪われたために重忠の恩賞が少なかったという記事に対応するが、「多くの傍輩に広く恩賞が行き渡るため」という九月二十日条の重忠の言い分とは食い違っている。どちらにしても活躍の割には恩賞が少なかった理由を、重忠自身に繰り返し語らせているのである（畠山重忠については「畠山物語」が、小山氏に関しては結城家の家伝が、『吾妻鏡』の原史料として使われたと想定する説がある〈籔本二〇一二〉。しかし、仮にそうであったにしても、少なくとも奥州合戦関連記事では、矛盾点の多さや一貫性の無さなどから、そのような原史料に基づいているとは考えにくいように思われる）。

九月二十日に何があったのか

九月二十二日に頼朝軍は平泉に到着し、そこに十日間滞在し周辺を視察し、奥州支配の基本方針策定などに取り組んだ。この日、葛西清重が陸奥国御家人の奉行を命じられている。つまり陸奥国内にありながら平泉藤原氏に従わず、幕府の御家人となることを選択して参仕してきた武士たちの確認をしている（同日条）。まだそのような段階なのだ。

そもそも奥州合戦は、朝廷の命令を待たずに出陣した「私戦」（九月九日に泰衡追討宣旨が届いて追認された）であり、合戦に勝利したとはいえ、「奥州羽州地下管領」の権が朝廷から認められるのは翌年春のことになる（文治五年十二月六日条）。九月二十日条では「勝計すべからず」（数えきれないほどだった）と述べてお茶を濁しているが、編纂者の元には、この日恩賞を与えられたということを示す証拠は、旗と弓袋以外になかったに違いない。畠山重忠に「葛岡郡」が与えられたという記事も、この日に与えられたものとは限らない。一二〇〇（正治二）年五月二十八日、陸奥国葛岡郡新熊野社の僧が、境相論の裁定を重忠に求めた記事があり（同日条）、「葛岡郡」という地名は他の史料にみえないことから、これを基にしていると考えられる。

またこの日「勲功を糺」したともあるが、合戦における論功は武士にとって何より重要なことで、通常は合戦直後に敵の首や矢などの証拠を並べて行われる。奥州合戦でも泰衡を梟首した翌日の九月七日に行われており（同日条）、二十日に再び行われたとは考えにくい。つまりこの日、恩賞配分は行われなかったと結論づけてよいだろう。

それでは九月二十日、何が行われたのだろうか。

九月二十日条の場所を検討した菅野文夫氏は、志波郡（岩手県紫波郡）と推定されている。その根拠として、頼朝は前日十九日に厨川《くりやがわ》（岩手県盛岡市安倍館町）を発ち平泉に向かったが（同日条）、北陸道軍が分かれて出羽方面に帰っていくことを考えると、全軍が集合するのはこの地点が最後となる（菅野二〇二二）。筆者も紫波町で出羽方面に向かう古道を見学したことを記憶している。日程的にも厨川から南に約三十キロで合理的な位置だと思われる。

ここで行われたものは何だったか。それは着到だったのではないだろうか。着到とは催促に応じて出陣したことを証明してもらうことである。ところが全軍を対象にした着到は、鎌倉に集合した時点で、すでに終わっていた。

六月二十七日条に、「鎌倉に群集する輩はすでに一千人に及んでいた。（和田）義盛と（梶原）景時が奉行として日々彼らの名を名簿に記していた。今日頼朝がこれをご覧になった。前図書允が執筆だった。ついては武蔵・下野両国の者は、奥州への御下向の経路に当たるので、両国の住人は各々用意をして、本隊の進軍に先立って参会するようにと触れおおせられた」とある。

奥州合戦に参加するため鎌倉に集合した武士たちは、ただちに侍所の和田義盛と梶原景時によって、名簿に記載された。奥州合戦は全国の御家人が招集され、これによって御家人制が確立したといわれている。つまり、この合戦に参加したことが後々に至るまで御家人身分の証となった。したがって参加した武士たちにとっては、参加したことを幕府によって記録してもらうことが、何より重要だったはずだ。ところが武蔵・下野両国の者は、途中で合流することが命じられたので、この時に名簿に記載してもらうことができなかったことが分かる。

さらに保志黒次郎らの主人である小山氏は下野国の守護であり、国中の軍勢の取りまとめ役であるはずだが、朝政・宗政・朝光は鎌倉から頼朝とともに出発し（七月十九日条）、彼らの父政光は本隊に先回りして古多橋駅（現在の宇都宮市内）で頼朝らの駄餉《だしょう》を整えていた（同二十五日条）。つまり途中で合流した小山氏の郎党たちは着到を付けてもらう機会を逸してしまったのだろう。それで全軍が集結する最後の日となる九月二十日に、数十万という群集のなかで、慌ただしく必死に、せめて旗と弓袋に日付のみを書き入れてもらった……。

旗と弓袋は恩賞ではなく、着到だったと考えれば、冒頭の恩賞と御家人制の疑問は解決する。

着到をつけたのが、『吾妻鏡』の地の文通り幕府奉行人の平盛時だったのか、それとも小山氏だったのかは確定できない。ともかく、出陣した保志黒次郎らと彼らに徒歩で付き従った所従らはもちろん、送り出した家人たちにとって、奥州合戦は重い負担だったに違いない。高価な馬や馬具、武器、当面の食糧、精一杯の支度を整え命懸けの奉公だった。この旗や弓袋は忠誠の証として、一所懸命の地に問題が起きた時に守ってくれる、かけがえのない家宝とされたことであろう。それがなぜ『吾妻鏡』編纂時に幕府にあったのだろうか。

『吾妻鏡』編纂者の目に留まった旗と弓袋

彼らの本拠地下野国中泉荘といえば、一一八五（文治元）年十月九日、頼朝から弟義経の追討を引き受けた土佐坊昌俊に与えられたことが知られている（同日条）。当荘は平安末期に摂関家領として立荘され、当時の本所は近衛基通だった（文治四年六月四日条）。各地の荘園から年貢が京進されないことに、後白河院からたびたび幕府にクレームがあったが、その荘園リストに中泉荘もあげられている。それに対する頼朝の返答は、中泉荘は、平家没官領ではないが、坂東の内なのでなりゆきで平家没官領と同様に頼朝が知行していますというものだった（文治四年三月十七日条）。もちろん「坂東の内」であることは理由にならない。実際は、平家に近い立場で、しかも義経に頼朝追討の院宣を与えることを後白河院に働きかけたとされる近衛基通が本所だったからだ。ほかにも伊豆国の御家人大見氏や幕府の文官二階堂氏に荘内の郷が与えられている（一二八三〈弘安六〉年四月五日「大見行定置文」〈「中条家文書」〉、一三三六〈延元元〉年四月二日結城宗広譲状案写）（松本二〇一〇）。中泉荘は、頼朝がお気に入りの側近にご褒美として与えるのに手頃な荘園だったようだ。だが現地の人々は堪ったものではない。ほかでもない鎌倉殿頼朝によって所領が侵食されていったのだ。

そこでいつのことかはわからないが、所領回復の訴えとともに、幕府に奉公してきた証として、家宝の旗や弓袋を提出したのではないだろうか。訴訟に際して、自身に有利な証拠を提出するのは、一般的なことだった。これら旗と弓袋には、その由来を説明する添え状のようなものがつけられていたのだろう。実は彼らは一一八一（養和元）年閏二月二十三日の野木宮合戦にも参戦していることが『吾妻鏡』

に記されている(同日条)。やはり同じように「小山氏の郎従」と記されており、この合戦でも各武士団の郎従クラスで名前が載っているのは彼らだけである。これも同じ機会に彼らが訴えた際提出された証拠が、編纂時に使われたとみてよいだろう。

『吾妻鏡』の編纂者が日付の書かれた旗と弓袋を見て、文治五年九月二一日に行われたのは論功行賞だったということにしたのが、すべての始まりだった。

ところが編纂者を悩ませたのは、なぜこれほど身分の低い彼らが、小山氏の郎党でありながら、小山氏の頭越しに頼朝から恩賞を賜ったのかということだった。これはよほど大きな、しかもイレギュラーな勲功があったに違いない。それで繰り返し小山朝光による、抜け駆けをしてまでの先登や、先回りをするといったスタンドプレーを挿入して、辻褄を合わせようとしたのではないだろうか。さらにはそれをけしかけたきっかけとして、父小山政光と熊谷直家のエピソードも創りあげた。

ところで彼らの必死の訴えは実ったのだろうか。これ以後彼らの痕跡は、『吾妻鏡』やほかの文献史料、土地の伝承などからも追うことはできない。しかし偶然残った旗と弓袋が『吾妻鏡』に採録されたことで、はからずも奥州合戦に参加した弱小武士の姿が垣間見える結果となり、『吾妻鏡』の編纂姿勢の一端を伝えてくれたのだ。

「物語」に取り込まれた旗と弓袋

ここまで述べてきた奥州合戦記事における『吾妻鏡』編纂者のかけたバイアスを要約すると、多くの恩賞を賜った御家人は合戦において手柄を立てたように、また手柄を立てたのに恩賞の少なかった御家人（その代表は重忠）には無欲さを強調することだった。

なぜこのような作為が必要だったのか。それは、実際の恩賞配分と合戦における勲功が比例しなかったからではないだろうか。陸奥国においては総奉行を命じられた葛西清重と三浦氏が多くを賜っており、出羽国に至っては、合戦後に地頭に補任されているのはほぼ全員幕府の文官である（『中世奥羽の世界』新装版、吉川弘文館、二〇二二年）。これは、頼朝の陸奥・出羽国の統治方針が、武勇に優れた者への恩賞としてよりも、経営手腕に優れた者に支配を任せるというものだったからではないだろうか。平家滅亡後、各地で地頭として補任された御家人たちによる年貢の対捍や乱暴狼藉を止めさせてほしいという訴えが、幕府に対して数多く寄せられていたことが『吾妻鏡』に記されている。御家人に非があったとしても、恩賞として与えた地頭職を剝奪することは主従制の根幹に関わることで、頼朝はその対応に苦慮し続けていた。その経験から陸奥・出羽国に対しては方針転換をはかったのではないだろうか。

しかし、これは御家人たちの望む、鎌倉殿との御恩と奉公を紐帯とする主従関係とは相容れないことはいうまでもない。恩賞を得るために命をかけて戦うのが御家人の本分なのだ。奥州合戦後の建久年間（一一九〇～一一九九年）、特に最後の三年間の『吾妻鏡』の記事欠落の末、頼朝死去に至るまでの十年間、曽我事件（曽我兄弟による敵討の背後に頼朝の治世に反感を持つ御家人たちの存在を指摘する説が多く出されている）等に垣間見える頼朝と御家人たちとの軋轢の出発点が、奥州合戦後の恩賞配分への不満にあったとみることはできないだろうか。この軋轢をカムフラージュするために、編纂者は勲功と恩賞の不釣り合いという矛盾を解消する舞台を創る必要があった。そこで、頼朝の方針と御家人たちの意識の食い違いを、一人畠山重忠の清廉と無欲に起因するものということに置き換えるため、本人にその理由を語らせる場を設けた。悲劇的な最期を遂げることになる英雄はその役にうってつけだった。それが九月二十日の論功行賞で、記事全体に信憑性を持たせたのが、日付の書かれた「旗と弓袋」だった。

『吾妻鏡』の編纂者はこのように、断片的な原史料を基に、物語を補いつつ「歴史」を描いた。それは歴史小説家の仕事にも似ている。これは特に頼朝将軍記に顕著で、「鎌倉幕府草創神話」であり、なかでも奥州合戦は「東国御家人たちの英雄の物語」（大石二〇〇三）でもあった。『吾妻鏡』が編纂された十三世紀末における幕府の最大の政治課題が、困窮し凋落した御家人社会の立て直しであったことを考えると、奥州合戦記事に描かれた御家人たちの活躍は、『吾妻鏡』が編纂された時代の人々にとっての、御家人たちが最も輝いていた時代の理想の御家人像の投影なのかもしれない。

とはいえ、『吾妻鏡』の編纂姿勢はあくまで原史料にもとづいている。それを彼らの時代のメンタリティで補い、綴っているという意味では、十三世紀末の「史実」を伝えているともいえる（先述の熊谷直家と小山政光のエピソードから読み取れる武蔵武士と下野武士の違いなどは、その会話自体が事実ではないにせよ、編纂者にとってはいかにもあり得べきことであり、「史実」以上に「真実」といえるのではないだろうか）。

『吾妻鏡』は、記事となっている時代と、編纂された時代の歴史が二重写しになった歴史書である。それを注意深く剝がしながらそれぞれを大切に読み解くことで、よりいっそう深い歴史がみえてくるだろう。

参考文献

大石直正「『吾妻鏡』と文治奥州合戦」東北学院大学中世史研究会『六軒丁中世史研究』一〇、二〇〇三年

川島茂裕「吾妻鏡奥州合戦記事を読み直す（2）―研究の到達点と課題を把握する―」富士大学地域経済文化研究所『研究年報』四、一九九六年

菅野文夫「文治5年奥州合戦三題―『吾妻鏡』演習から―」『岩手大学文化論叢』一〇、二〇一一年

小林清治「石那坂合戦の時と所」福島市杉妻地区史跡保存会発行『すぎのめ』二四、二〇〇一年

五味文彦「『吾妻鏡』と平泉」平泉文化研究会編『日本史の中の柳之御所跡』吉川弘文館、一九九三年

松本一夫「小山氏と中泉荘」『栃木県立文書館紀要』一四、二〇一〇年

藪本勝治『『吾妻鏡』の合戦叙述と〈歴史〉構築』日本史研究叢刊四四、和泉書院、二〇二二年、第四章「奥州合戦―奥州支配の起源―」

菊池紳一

鎌倉幕府の「政所」について

―『吾妻鏡』の記述を通して―

はじめに

鎌倉幕府に「政所」が常置されていたかどうかが議論されるようになって久しい。ただ、その論点は「政所は公家のうち三位以上の公卿に設置資格がある」という基準が背景にあった。すなわち、鎌倉幕府の首長である鎌倉殿が京都の公家の影響を受けて、三位以上になると「政所」が設置できたとする考え方（基準）であり、その対象時期は三代将軍源実朝の時期に集中している。しかし、鎌倉殿が京都の公家と同じ立場であったのかどうかは検討されていない。また、『吾妻鏡』の記事にそくして「政所」の存在を検討する議論はほとんどみられない。基本的に、『吾妻鏡』にみえる政所は鎌倉幕府の統治機構の一つとして記されているのであって、前記基準でよいのか、検討の余地があろう。

本稿では、最初に源頼朝の時代の公文所から政所への推移を確認し、次に鎌倉殿が三位以上でなかった時期の「政所」を、『吾妻鏡』の記事を紹介しつつ検討し、最後にこの時期の幕府発給文書を確認・検討してみたい。

源頼朝の時代

源頼朝の家は河内源氏で、官位は上っても受領で従五位下までという諸大夫層に属していた。そのため頼朝は最初の家政機関として「政所」ではなく「公文所」を設置した。それは『吾妻鏡』元暦元(一一八四)年八月二十四日条にみえる。

その後、一一八五(文治元)年四月二十七日頼朝は従二位に叙され、政所を開くことができる地位を得た。この時頼朝が政所を設置したことは、早くは石井良助氏の指摘があり、その後『国史大辞典』「政所」の項にもこの時期政所の存在を認める記載があり、通説となっている。これを補強するとすれば、年月日未詳の高野山寺解使者注文(高野山文書・鎌遺①一二四)に「文治二年五月廿日鎌倉政所出立御使者」が、文治三年十一月九日の源頼朝書状(東京遠山元一氏所蔵文書・鎌遺①二八二)に源頼朝の「政所」がみえる(以下『鎌倉遺文』所収の文書については、略称「鎌遺」に巻数①等と文書番号で示す)。

しかし、諸大夫層の出身である頼朝は、この時在鎌倉であり官職に補任されていなかった。そのため、政所の構成(組織や役職等)は未完成であったと考えられる。おそらく公文所の寄人をそのまま政所の職員としたのではなかろうか。上洛以前の源頼朝は、政所下文の様式を熟知していなかった可能性があろう。すなわち、この時点では、鎌倉幕府発給の政所下文の様式は未完成だったのである(後述するⅠ

様式)。またこの時点では、御家人との関係を重視し、源頼朝の御判を据えた文書を使用していたと考えられる。

源頼朝は、一一八九(文治五)年奥州藤原氏を滅ぼすと、翌一一九〇(建久元)年十一月はじめて上洛し、権大納言となり、ついで右近衛大将を兼任する。この上洛における任官は、公卿であった源頼朝にとって大きな意味を持っていた。おそらくこの在京中に自ら発給する政所下文の様式の調査を行ったと考えられる。鎌倉に下向する直前に両職を辞任した源頼朝は、翌一一九一(建久二)年正月十五日、鎌倉で政所吉書始《きっしょはじめ》を行った。これは前大納言兼右大将としての政所吉書始である。『吾妻鏡』同日条には、今後の恩沢(安堵や新恩)は政所下文で行うと定めている。また、同日条の末尾には政所の職員だけではなく、問注所執事、侍所の別当と所司、公事奉行人、京都守護、鎮西奉行人の名が列挙されている。これ以降、後述する政所下文(Ⅱ様式とする)が発給されるようになる。

三位未満の鎌倉殿の時代

ここでは、下記の(1)〜(6)の時期に分けて『吾妻鏡』にみえる「政所」を確認し、検討することにしたい。鎌倉殿(源頼朝〜藤原頼嗣)が三位未満の時期は、鎌倉殿各々に存在する。これを下記の(1)源頼朝・(2)源頼家・(3)源実朝・(5)藤原頼経・(6)藤原頼嗣とし、源実朝死没から藤原頼経が征夷大将軍に補任された時までを、(4)鎌倉殿不在の時期として扱うことにする。この時期は尼将軍政子の時代に該当する。なお、『吾妻鏡』の最後は宗尊親王の時代であるが、親王家には政所が設置されるのが通例であり、この検討からは除外する。

（1）源頼朝

源頼朝が従二位に叙された一一八五（文治元）年四月二十七日までの期間である。詳細は前記「源頼朝の時代」で述べた。ここでは頼朝はこの期間「政所」ではなく「公文所」を設けたこと、そして従二位に叙されると「政所」を設置したことを確認しておきたい。

（2）源頼家

源頼家が父頼朝の跡を継いだ一一九九（正治元）年正月から、従三位に叙された一二〇〇（正治二）年十月二十六日までの期間である。『吾妻鏡』には三カ所みえる。

表一　源頼家

月日	『吾妻鏡』の記事要約
一一九九（正治元）年	
①二月六日	源頼家、左中将に転任し、吉書始あり。北条時政・中原広元・三浦義澄・源光行・三善善信・八田知家・和田義盛・比企能員・梶原景時・二階堂行光・平盛時・中原仲業・三善宣衡ら、政所に列着する。
②四月二十日	梶原景時・中原仲業の奉行として、次のことを政所に書き下した。小笠原長経・比企宗員・同時員・中野能成らの従類は、鎌倉中で狼藉を働いても甲乙人は敵対してはならない

	と。
一二〇〇（正治二）年	
③五月十二日	源頼家、念仏名の僧らを禁断する。その命によって比企時員が集められた僧十四名を伴い、政所橋辺りで袈裟を剥ぎ取り焼いた。

①は、源頼家が左中将に転任した後の吉書始である。場所は「政所」である。参列した人々をみると、政所関係者は中原広元以下二階堂行光・平盛時・中原仲業《なかなり》・三善宣衡《のぶひら》ら、問注所執事の三善善信、侍所の別当梶原景時・執事和田義盛のほか、源頼家の外祖父北条時政、岳父の比企能員、その他有力御家人である三浦義澄・八田知家の名がみえる。この吉書始の実質は源頼家の政務始の意味であろう。

②は、源頼家の命令を、侍所別当梶原景時と吏僚中原仲業が対になって、文書をもって政所に指示したとする。

③の「政所橋」は橋の名前であるが、政所の存在を推定させる。

以上の点から、この時期「政所」は存在していた。

(3) 源実朝

源実朝が兄頼家の跡を継いだ一二〇三（建仁三）年九月十二日から従三位に叙された一二〇九（承元三）年四月十日までの期間である。『吾妻鏡』には一カ所みえる。

表二　源実朝

月　日	『吾妻鏡』の記事要約
一二〇三（建仁三）年	
①十月九日	将軍家（源実朝）政所始。別当北条時政・中原広元以下の家司が政所に着した。二階堂行光が吉書を書き、清原清定が返抄を作成した。時政が吉書を御前に持参し、簾中で源実朝が覧て返した。次に垸飯・盃酒あり。実朝ははじめて甲冑を着し、乗馬した。執権（時政）がこれを扶持した。晩に弓始あり。

①は、同年九月七日に、源実朝が従五位上征夷大将軍に叙任されたことを受けて行われた政所吉書始である。政所の別当として北条時政・中原広元、その他の職員として二階堂行光・清原清定が参列している。政所が存在したとみてよいであろう。

なお、この条にみえる「執権」を中原広元に比定する説もあるが、扶助した内容から外祖父の北条時政であろう。

(4) 鎌倉殿不在

一二一九（承久元）年正月二十七日の源実朝死没から、藤原頼経が征夷大将軍に補任された一二二六（嘉禄二）年正月二十七日までの期間である。『吾妻鏡』には八カ所みえる。

表三　鎌倉殿不在

月日	『吾妻鏡』の記事要約
一二一九（承久元）年	
①二月十四日	丑の刻、将軍家の政所が一字も残さず焼亡した。失火とのこと。
②七月十九日	午の刻、九条道家の子三寅が鎌倉に入り、北条義時の大倉亭に着いた。酉の刻、政所始が行われた。二位尼政子が理非を簾中で聴くとのこと。
③九月六日	伊賀光宗が政所執事に補任された。二階堂行光、辞退の替え。
一二二四（元仁元）年	
④閏七月二十九日	事件に連座した伊賀光宗は、政所執事を止められ、所領五ー二カ所を没収される。北条泰時が二位尼政子の命により二階堂行西（行村、光宗の叔父）に預ける。二階堂行盛が政所執事に補任される。
⑤八月一日	北条時房、二位尼政子の命により、この日はじめて政所に出仕する。時房・泰時は、執権に就任してから今まで出仕しなかった。故北条義時没後の五旬中は遠慮していたという。
⑥八月二十八日	北条泰時、政所吉書始を行う。
一二二五（嘉禄元）年	
⑦十二月五日	新御所の上棟が行われた。北条時房・同泰時がこれに臨んだ。また、政所と御倉等を壊した。新たに女房大納言局宿所地において上棟の儀が行われた。

一二三六（嘉禄二）年	
⑧十二月十三日	政所前より、出火する。

①⑦⑧は建物としての「政所」の存在を示す。②は（3）①と同様に政所の存在を示す。この点は③④の政所人事でも確認できる。⑤も政所という組織の存在を示している。

⑥は北条泰時が、政所吉書始を行ったとする記事である。家務の条々を定め、被官の尾藤景綱・平盛綱が奉行していることから、「政所」は「公文所」の誤記であると指摘できよう。北条氏の家政機関は公文所であり、『吾妻鏡』寛喜二（一二三〇）年正月二十六日条に「武州公文所」、同三年十月二十五日条に「相州公文所」がみえる。

（5）藤原頼経

（4）の次から藤原頼経が従三位に叙された一二三二（寛喜四）年二月二十七日までの期間である。『吾妻鏡』には八カ所みえる。

表四　藤原頼経

月　日	『吾妻鏡』の記事要約
一二二七（安貞元）年	

①十二月二十六日	政所において、改元の吉書を行う。二階堂行然（行盛）が奉行する。
一二二八（安貞二）年	
②十月九日	政所において、風により顚倒した竹御所の建物について沙汰があった。二階堂行然（行盛）が奉行した。
③十月十九日	御所と竹御所の中門廊侍などが建てられた。竹御所はすべて政所の沙汰である。
④十二月二十九日	将軍藤原頼経の明年の二所参詣について沙汰があり、供奉人の交名や御神物の注文が披露された。御神物の注文は、政所に下され施行するよう命じられた。
一二二九（寛喜元）年	
⑤三月二十五日	政所において、改元の吉書始を行う。吉書は、二階堂行泰が北条泰時に従って御所に持参し将軍に覧じた。
⑥十月十四日	政所において、来年十三回忌を迎える故源実朝のため、勝長寿院南新御堂内に塔婆を建立する沙汰があった。
一二三〇（寛喜二）年	
⑦十二月九日	将軍藤原頼経の嫁取りについて沙汰があった。日時の勘文は政所に下され、二階堂行然（行盛）の奉行として準備を沙汰するよう命じられた。
一二三一（寛喜三）年	

⑧四月十九日	朝廷より、風雨水旱の災難を祈るため、諸国の国分寺において最勝王経を転読するよう命じる宣旨が到来した。二階堂行然（行盛）の奉行として、政所において、関東御分国で施行するよう沙汰があった。

①⑤は、改元の詔が鎌倉に届いた後に政所で行われた改元の吉書始である。②③は竹御所に関する沙汰が政所で行われたとする記事である。④は明年の将軍藤原頼経の二所参詣の費用に関する記事、⑥⑦⑧は政所で政務に関する沙汰があったことを示す。政所は存在していた。

（6）藤原頼嗣

藤原頼嗣が父頼経の跡を継いだ一二四四（寛元二）年四月二十八日から従三位に叙された一二五一（建長三）年六月二十七日までの期間である。『吾妻鏡』には八カ所みえる。

表五　藤原頼嗣

月日	『吾妻鏡』の記事要約
一二四四（寛元二）年	
①六月二日	炎旱の間祈雨の祈祷を鶴岡八幡宮供僧に命じる。二階堂行義が奉行する。二階堂行盛入道の奉行として、政所より供米十石を下行する。また御所において七カ日の不断不動念誦を始める。衆僧二十口、供米各一石は政所の沙汰。

②十二月二十六日	北条経時と同時頼らの第が失火により焼ける。余炎のため政所が焼亡した。
③十二月二十七日	評定があり、藤原頼経の上洛が延期となった。政所の火事により準備したものが焼けたためである。
一二四七（宝治元）年	
④三月二日	不動と慈慧大師像を摺り写すよう政所に命じる沙汰があった。
一二五〇（建長二）年	
⑤四月二十九日	幕府、雑人の訴訟について、諸国は在所の地頭の挙状が、鎌倉中は地主の吹挙がなければ、直訴を採用しないように問注所と政所に命じる。
⑥九月十日	幕府、諸人の訴訟について、式条を守り沙汰するよう、引付并びに問注所・政所に命じる。
⑦九月十八日	将軍の祈祷として、久遠寿量院において、一日中千巻の観音経を転読する。布施等は政所の沙汰である。
一二五一（建長三）年	
⑧正月九日	政所・問注所等で延年舞の勝負が行われた。

①④⑦は、政所が祈祷等の準備や費用を負担していたことを示す。②③は、前将軍藤原頼経の上洛の準備等を政所が沙汰していたことを示す。⑤⑥は、政所が雑人や諸人の訴訟に関与していたことを示している。この期間も政所は存在していた。

以上の検討から、源頼朝が政所を設置して以降、断絶することなく政所は存在していたことがわかる。京都の公家の影響があるからといって、従三位以上にならないと政所が設置できないという基準は、鎌倉幕府には当てはまらないことになる。

『兵範記《へいはんき》』久安五（一一四九）年十月十九日条によると、出家した藤原忠実の命を受けた平信範《のぶのり》が、元服して正五位下に叙された藤原頼長の子師長の政所開設と職員の任命を行っている。杉橋氏は、「少なくとも摂関家一門では」としながら、（一）当人が三位に至らなくても政所をおき、別当・令・知家事・案主等の職制も整えることができたこと、（二）出家などによって政所が「停止」されても、その実質的機能は維持されていたこと、（三）しかし、（二）の状況下では、文書署名などの場合、家司は別当以下の職名を付さない場合のあったこと、（四）（二）の状態でも正規の政所下文は発せられず、それに替わって用いられる文書に家司の職名は多くの場合付記されない、と指摘する。

これは三位以上にならなくとも政所が設置されていたことや、出家後であっても政所は維持されていたことを示す。一方、平清盛の場合、出家後であっても「入道前太政大臣家政所下」で始まる政所下文（厳島神社文書、『平安遺文』⑧三八九一号）を発給している。

ほかに目を転じると、藤原氏の「勧学院政所」が、寺社では、東大寺の「寺家　政所」、石清水八幡宮の「宮寺政所」、法隆寺の「政所」、東寺の「政所」、高野山金剛峯寺の「高野政所」や「金剛峯寺政所」、比叡山延暦寺の「延暦寺政所」等の存在が知られる。以上の点から、鎌倉幕府に「政所」が常置されていたことに問題はないであろう。

政所下文の様式

(1)源頼朝時代の政所下文

源頼朝が従二位に叙された後の政所下文は、『吾妻鏡』文治三(一一八七)年十月二十九日条に掲載される(これをⅠ様式とする)。

この政所下文は、常陸国(現茨城県)の奥郡宛に下された文書で、鹿嶋社の「毎月御上日料」の籾百二十石を怠ることなく下行するよう命じたものである。奥郡は多賀郡・久慈郡・那珂郡などの常陸国北部、もと佐竹氏の勢力下にあった地域である。

政所下　常陸国奥郡
　可令早下行鹿嶋毎月御上日料籾佰二拾石事
(中略)
右件籾、毎年無懈怠可下行之状如件、
　文治三年十月廿九日
　　　　中原[光家]
　　　藤原[足立遠元]
　　大中臣[秋家]
　主計允[二階堂行政]
前因幡守中原[広元]

この政所下文のⅠ様式を確認してみよう〈人名比定は［　］内に示した、以下同じ〉。冒頭の一行が「政所下　常陸国奥郡」とあり、「政所下」の前に官位を示す記載〈たとえば「前右大将家政所下」〉はない。「常陸国奥郡」は宛所である。次行に事書があり、その次に「右」から始まる事実書がある。この点は次に述べるⅡ様式と同じである。しかし、末尾が「…之状如件」で、Ⅱ様式は「…以下」である点が異なる。また、次行の日下〈年月日〉から政所の職員が連記されるが、ここもⅡ様式とは異なる。Ⅰ様式は一番奥が位次の上位者〈政所の筆頭〉である。署判を加えた人物がこの政所下文とほぼ同じであるから、一一八五〈文治元〉年九月五日にも同様の文書が発給されていた可能性が高い〈『吾妻鏡』同日条〉。

次に一一九一〈建久二〉年以降発給された前右大将家政所下文の様式を確認する。たとえば、建久三年六月二日の前右大将〈源頼朝〉家政所下文〈肥前松浦山代文書・鎌遺②五九三〉では、左記の様式である〈これをⅡ様式とする〉。

前右大将家政所下　肥前国宇野御厨内山代浦住人等
可早以字源六郎囲為地頭職事
右人、〈中略〉敢勿違失、以下、
建久三年六月二日　案主藤井〈花押〉［俊長］
令民部丞藤原〈花押〉［行政］　知家事中原〈花押〉［光家］
別当前因幡守中原朝臣〈花押〉［広元］

この前右大将家政所下文は、肥前国宇野御厨内山代浦（現佐賀県伊万里市山代町）の住人に下された文書で、源囲を地頭職に補任したことを伝え、本所の年貢以下の雑事を怠ることなく沙汰するよう命じたものである。源囲は、松浦党山代氏の祖にあたる人物である。

源頼朝の時代を限ってみても、摂関家の政所下文が①文治元年十一月八日の摂政〈藤原基通〉家政所下文（石清水文書・鎌遺①一四）や②文治二年六月日の摂政〈藤原兼実〉家政所下文（下総香取文書・鎌遺①一二一）が、それ以外の公卿でも③文治三年十月五日の右大臣〈藤原実定〉家政所下文（賀茂別雷神社文書・鎌遺①二七一）や④文治四年四月日の右大臣〈藤原実定〉家政所下文案（山城三鈷寺文書・鎌遺①三二三）、⑤建久八年十一月三日の権中納言〈藤原隆房〉家政所下文案（高野山文書・鎌遺②九四三）が残る。

摂関家の政所下文の場合では、冒頭に「（官職名）政所下」、その下に宛所を記し、次行に事書、次に事実書（「右」で始まる）を記す。その末尾は「故下」で結んでいる。次行に年月日、上段に①は別当、②は令・別当が連記される。下段は①は案主・大従・少従・知家事等、②は案主・大従等の政所下級職員の名が連記される。

③④⑤では、冒頭及び事書、事実書末尾等の記載方法はほとんど同じである。次行に年月日、上段に③④⑤は令・別当が連記される。ただ摂関家と比較すると別当の人数は少ない。下段は③④は案主・大従と二種の政所下級職員の名が連記される。⑤は政所の役職名はなく、官途だけが記される。このように、家によって事実書の末尾の記載や年月日以降の政所職員の列記の仕方が異なっている。

ちなみに、左記の建久六年五月日の征夷大将軍（源頼朝）家政所下文案（筑後大友文書、鎌遺②七九一）は、「政所下」の前に官職が記されるが、連名はほぼI様式と同じである。

征夷大将軍家政所下　西海道御家人
　定遣　鎮西守護人事
　　前掃部頭親能
右人、（中略）依件行之、故下、
　建久六年五月　日
　　　　　　　　平朝臣判［盛時］
　　　　　　　民部丞藤原判［二階堂行政］
　　　　　　前因幡守中原朝臣判［広元］

この征夷大将軍家政所下文は、西海道（九州）の御家人に宛てて下された文書で、中原親能を鎮西守護人として遣わしたことを通知している。中原親能の子孫は、大友氏として九州に下向している。同じI様式の文書に、建久六年五月日の征夷大将軍（源頼朝）家政所下文案（豊前益永文書、鎌遺②七九二）がある。なお、建久六年六月五日の関東下知状（高野山文書宝簡集七、鎌遺②七九四）をみると、

可早守仰旨致沙汰備後国大田庄訴申両条事

一、可停止為惣追捕使煩庄民事

（中略）

右、（中略）

以前両条、依前右大将家仰、下知如件、

建久六年六月五日　　平（花押）［盛時］

前右京進（花押）［源邦業］

前因幡守（花押）［広元］

とあり、冒頭の一行「前右大将家政所下　（宛所）」が省略されて事書から始まり、事実書の最後が「以前両条、依前右大将家仰、下知如件、」で結び、政所の奉行人三人が奉じる関東下知状が残されている（これをⅢ様式とする）。端裏書に「前大将殿御下文」とあり、興味深い。

この関東下知状は、備後国大田荘が訴えた二カ条（一つは惣追捕使が荘民を煩わすこと、一つは荘官兼隆・光家に内裏大番役を勤仕させること）について、源頼朝の命により下知するという内容である。

(2) 源頼家時代以降の関東下文

源頼家の時代の正治元（一一九九）年六月十日の関東下文（菊亭文書、鎌遺②一〇五五）の様式は、次の通りである。

下　河内国氷野領住人
　可以女房大宮局為預所幷地頭職事
右、（中略）敢勿違失、以下、
　　正治元年六月十日
　　　　　　　　　前掃部允惟宗在判
　　　　　　　　　散位藤原朝臣在判
　　　　　　　　　兵庫頭中原朝臣在判［広元］

この関東下文は、河内国氷野領住人に宛てて下された文章で、女房大宮局を同領の預所・地頭両職に補任することを伝えた文章である。この両職には大宮局が天王寺西門十二口持経者供料と同寺三箇院小人等養料を納入することが含まれていた。

この文書様式は、冒頭が「下　（宛所）」で始まり、事書、事実書、年月日、年月日の下から政所職員の連名のあるもので、鎌倉幕府が発給した下文という意味で「関東下文」（Ⅳ様式）と名づけておきたい。Ⅰ様式の冒頭が「政所下　（宛所）」であるのに対してⅣ様式の特徴は、「政所」の記載がなく「下　（宛所）」とする点である。Ⅳ様式は、（３）源実朝の時代にもみられ、杉橋氏はこれを「略式政所下文」と名づけている。

①元久元（一二〇四）年十二月十八日の関東下文（集古文書十二成田行明蔵・鎌遺③一五〇九）
②元久二年五月二十八日の関東下文案（中院文書・鎌遺③一五五〇）

③建永元（一二〇六）年七月四日の関東下知状案（書陵部所蔵「参軍要略抄」下裏文書・鎌遺③一六二六）
④建永元年七月十四日の関東下文案（筑前宗像神社文書・鎌遺③一六二八）
⑤建永二年六月四日の関東下文案（肥前青方文書・鎌遺③一六八七）
⑥建永二年八月二十八日の関東御教書案（筑後上妻文書・鎌遺③一六九六）
⑦承元元（一二〇七）年十二月日の関東下文（壬生家文書・鎌遺③一七〇九）
⑧承元二年三月十三日の関東下文写（報恩寺年譜・鎌遺③一七二二）
⑨承元二年閏四月二十七日の関東下文（伊予忽那文書・長隆寺文書・鎌遺③一七四〇）
⑩承元三年三月十七日の関東下文案（下総香取社旧大禰宜家文書・鎌遺③一七八四）
⑪承元三年六月十六日の関東下文案（筑後和田文書・鎌遺③一七九四）

以上①〜⑪の文書のうち、冒頭をみると①②④⑤⑦〜⑪に「下（宛所）」があり、③⑥の関東下知状・関東御教書にはこの一行はない。書止をみると①〜③⑪が「依鎌倉殿仰、下知如件」、④⑤⑧〜⑩が「依鎌倉殿仰、下知如件、以下」、⑥が「依鎌倉殿仰、執達如件」と鎌倉殿（源実朝）の意を奉じて発給している。

（2）源頼家、（3）源実朝の時期は、文書様式が関東下文から関東下知状へ移行する時代であった。これは、ほぼ同じ様式の、北条時政単署の関東下文と関東下知状が混在していることからも推定できよう。（4）（5）（6）の時代はほぼ関東下知状に統一されていく。

以上の考察から、鎌倉幕府では、（2）〜（6）の時期、すなわち鎌倉殿が三位未満の期間は、政所下文は発給されてない。すなわち、鎌倉殿が三位未満でも政所は設置されるが、三位以上にならないと政所下文が発給されないとまとめられよう。

参考文献
石井良助「鎌倉幕府政所設置の年代」『大化改新と鎌倉幕府の成立』創文社、一九七二年、所出は一九三七年
岡田清一「広元から義時へ―鎌倉的「執権」制の成立―」『鎌倉』一三一・一三二合併号、二〇二一年
北条氏研究会編『北条氏発給文書の研究』二〇一九年、勉誠出版
杉橋隆夫「鎌倉執権政治の成立過程―十三人合議制と北条時政の「執権」職就任―」御家人制研究会編『御家人制の研究』吉川弘文館、一九八一年
杉橋隆夫「執権・連署制の起源―鎌倉執権政治の成立過程・続論―」『立命館文学』四二四～四二六、一九八〇年

北条経時に関する一考察

久保田和彦

はじめに

日本史史料研究会監修・細川重男編『鎌倉将軍・執権・連署列伝』(吉川弘文館、二〇一五年)で「四代執権　北条経時」を執筆したが、字数制限のため、論証部分はほとんど展開できなかった。経時は二十三歳の若さで病没し、執権在職期間もわずか四年間であるため、安田元久編『鎌倉将軍執権列伝』(秋田書店、一九七四年)でも「名執権の誉れが高い祖父北条泰時および弟時頼の間にあるため、後世の人々にとって影の淡い執権のようで、逸話などにも乏しい」と低く評されており、基礎的研究も少ない(1)。しかし、経時の時代は執権政治から得宗専制政治への移行期にあたり、鎌倉後期幕府政治を準備した時代といえる。北条経時という人物やその政治を明らかにすることの歴史的意義は大きいと思う。史料にもとづいて再検討してみたい。

北条氏の嫡流として

北条経時は一二二四（元仁元）年、三代執権北条泰時の嫡孫、夭折した時氏の嫡男として生まれた。『国史大辞典』第十二巻（奥富敬之氏執筆、吉川弘文館、一九九一年）では、幼名を「藻上御前」と記しており、多くの著書でも同じである。(2) しかし、野津本『北条系図』(3) に注記された「薬上《やくじょう》」が正しい。「藻上」では意味不明であるが、「薬上」は「薬上菩薩」が語源で、薬王菩薩と兄弟で、病に苦しむ人々を良薬で救済する釈迦如来の脇侍として知られる。経時の通称は、弥四郎・大夫将監・左近大夫将監・左親衛・武蔵守などである。中武蔵・中武州とも呼ばれた。

父時氏は泰時の嫡男として前途を嘱望《しょくぼう》されたが、六波羅探題として六年間の京都での生活を終えた直後に発病し、一二三〇（寛喜二）年六月十八日に二十八歳の若さで生涯を終えた。母は弟時頼に質素倹約を教えたことで知られる安達景盛の娘（松下禅尼）である。正室として下野国の有力御家人宇都宮泰綱の娘を迎えたが、一二四五（寛元三）年九月四日にこの娘は十五歳の若さで死去している。

諸系図によると、経時の子として隆政・頼助の二人が記されており、隆政には「母は将軍家女房讃岐」の注記がある。隆政・頼助は父経時の早世により、叔父時頼の意向で僧籍に入り、兄隆政は大夫律師と号し、鶴岡八幡宮別当・園城寺長吏として「鎌倉の政僧」の異名をとった隆弁のもとに入室したが、一二六三（弘長三）年正月九日、父経時と同じ二十三歳で入寂した。(4) また、弟の頼助は佐々目僧正と呼ばれ、北条氏で初めて鶴岡八幡宮別当となり、東国仏教界の中心として活躍した。東寺二長者・東大寺別当・大僧正に任じられたが、一二九六（永仁四）年二月二十八日に五十三歳で没した。(5)

経時は、一二三四（文暦元）年三月五日、将軍邸で元服し、烏帽子親の将軍藤原頼経の「経」の一字を拝領し経時を名乗る。十一歳であった。以後、同年八月一日に幕府の小侍所別当に就任、一二三七（嘉禎三）年二月二十八日左近将監、翌日従五位下に叙爵《じょしゃく》、北条氏の嫡流として歩みをはじめる。一二四〇（仁治元）年正月二十四日、幕府の重鎮であった執権修理権大夫北条時房が没すると、翌仁治二年六月二十八日、十八歳で評定衆、同年八月十二日に従五位上に任じられる。

鎌倉幕府の垸飯《おうばん》に関しては永井晋氏の詳細な研究がある。永井氏は、「北条氏が鎌倉幕府の主導権を握り、将軍が鎌倉幕府の象徴へと転化してゆく過程で、北条氏を中心とした鎌倉幕府の秩序を再現する儀礼として整えられていった。垸飯沙汰人は、草創期の坂東の有力御家人から北条氏・政所別当・有力御家人が沙汰人をつとめた過渡期を経て、得宗・執権・連署を中心とした北条氏一門と源氏（足利氏）がつとめる役に変わっていった。この過程で、剣役・調度役・行縢《むかばき》役の三役も、沙汰人の一族縁者から幕府の序列にそくした役配分へと人選の基準が変化し、幕府の要職を占める北条氏一門が上席につき、残った役を御家人が占めるようになった。」とまとめている[6]。

一二三八（嘉禎四）年、この時期の正月垸飯沙汰は、一日時房、二日泰時、三日朝時が恒例で、当該期の鎌倉幕府の序列を示すと評価されている。二日左京兆（泰時）御沙汰には以下の記述がある。

（史料1）『吾妻鏡』嘉禎四年正月二日条[7]

二日己酉。垸飯。〈左京兆（北条泰時）の御差配。〉御剣役は駿河前司（三浦）義村。御調度役は玄番頭（後藤）基綱。御行騰は肥後守（狩野）爲佐。
一御馬　北条左近大夫将監（経時）　信濃三郎左衛門尉（二階堂行綱）
二御馬　駿河五郎左衛門尉（三浦資村）　同八郎左衛門尉（三浦胤村）
三御馬　上野七郎左衛門尉（結城朝広）　同弥四郎（結城時光）
四御馬　近江四郎左衛門尉（佐々木氏信）　佐々木六郎
五御馬　北条五郎（時頼）　南条七郎左衛門尉（時員）

史料1の一御馬の「北条左近大夫将監」は経時、五御馬の「北条五郎」は弟の時頼である。経時は前年に左近将監・従五位下に任じられており、無位無官の時頼との格差は明らかである。

また、史料2と3をみると、

（史料2）『吾妻鏡』暦仁元（一二三八）年十二月三日条
三日甲辰。夜半（深夜）以後に雪が降る。午の刻（昼十二時前後）に晴れた。今日の明け方に、北条左親衛（経時）は鳥立（狩場）を見るため大庭野（神奈川県藤沢市）に向かわれた。［三浦］若狭守（泰村）、［同］駿河四郎左衛門尉（家村）、同五郎左衛門尉（資村）、下河辺左衛門尉（行光）、遠江三郎左衛門尉（北条時長）、武田六郎（信長）、小笠原六郎（時長）以下の射手等を多数引き連れたという。

（史料3）『吾妻鏡』仁治二（一二四一）年九月十四日・二十二日条

十四日己亥。北条左親衛（経時）は狩猟のため藍沢（静岡県東部）に向かわれた。若狭前司（三浦泰村）、小山五郎左衛門尉（長村）、駿河式部大夫（三浦家村）、同五郎左衛門尉（資村）、下河辺左衛門尉（行光）、海野左衛門太郎等が付き従った。また、甲斐・信濃両国の住人数名が猟師等を引き連れて経時が渡御するのを待っていたという。

二十二日丁未。左親衛（北条経時）が藍沢より鎌倉に帰られた。数日、山野を踏み分け、熊・猪・鹿など多くを捕獲した。そのなかの熊一頭は、親衛（経時）が引目を用いて射取ったものである。先代未聞の珍事であると皆一同に感心した。また、下河辺左衛門尉行光は幼少より太田・下河辺などの田園に住んでいたので、きっと狩場には慣れていないと傍輩がばかにして、どうかすると狩りの才能を試そうと、獣が走り出すたびにこれを追わせた。しかし、行光は必ずこれを射取ったので、今度の獲物の数は行光が一番であった。ただし、若狭前司（三浦泰村）が相論に及んだという。行光は故実に通じた射手であり、毎年、那須野の狩倉において嶺や谷を馳せることに堪能であるという。

史料2は、暦仁元年十二月三日、経時が鳥立をみるために、三浦泰村・同家村・同資村、下河辺行光、北条時長、武田信長、小笠原時長以下の射手を引き連れて大庭野（神奈川県藤沢市）に向かったという記事である。また、史料3は、仁治二年九月十四日、経時は三浦泰村、小山長村、三浦家村・同資村、下河辺宗光、海野左衛門太郎など御家人の有力者を引き連れて駿河国東部の藍沢原で狩猟を実施した。同二十二日、経時は鎌倉に帰還したが、「数日間におよび山野を踏み分け、熊・猪・鹿などを多く獲ったが、そのなかの熊一頭は、経時が引目（射た時に大きな音がする鏑《かぶら》をつけた矢）で射取った。前代未聞の珍事である。」という記事である。この二つの記事は、有力御家人を率いて若き経時が狩猟で活躍する姿であり、武家の首長、北条氏の嫡流としての経時の姿を『吾妻鏡』は真正面から描いている。

祖父北条泰時と経時

父時氏の死は経時が七歳の時であり、以後経時は祖父泰時のもとで教育を受けることになる。仁治二年六月末頃から泰時は病気がちになる。同年十一月二十五日、泰時邸で開催された酒宴の席で、泰時は経時に「好文を事となし、武家の政道を扶けるように。また、金沢実時と相談し二人は水魚のように親しくなるように」と諫めた。

（史料4）『吾妻鏡』仁治二年十一月二十五日条

二十五日戊申。今日の夕方、前武州（北条泰時）の御亭で酒宴があった。北条親衛（経時）・陸奥掃部助（金沢実時）・若狭前司（三浦泰村）・佐渡前司（後藤基綱）らが着座した。信濃民部大夫入道（二階堂行盛）・太田民部大夫（康連）ら文士数名も同じく参加した。この間、雑談に及び、多くは道理の世のことが話題であった。亭主（北条泰時）は親衛（経時）を諫めて言った。「学問を好み、武家の政道を扶けるように。また、陸奥掃部助（金沢実時）とよく相談するように。両人は水魚の交わりをされるように」と。よって、互いに鍾《さかずき》を交わした。今夜の会合で最も重要なことであったという。

泰時はまだ若い経時のサポート役として同い年で学問を好み、のちに金沢文庫を創設する実時を選んだのである。その四日後、若宮大路で小山一族と三浦一族との対立があり、両氏の一族が集まり合戦かという騒動が起こった。この騒ぎを聞いた経時は、自分の家人を武装させ、姻戚である三浦一族（経時・時頼の祖母が三浦義村の娘）に加勢させた。しかし、弟の時頼は一方に味方をすることなく静観した。兄弟のこの事件に対する態度を聞いた泰時は、「将来の将軍後見となる人物が御家人の一方に加勢することがあってはならない」と、経時に謹慎を命じ、事態を静観した時頼を執権の器量と称賛した。

（史料5）『吾妻鏡』仁治二年十一月三十日条

三十日癸丑。駿河四郎式部大夫家村（三浦）・上野十郎朝村（結城）が幕府への出仕を停止された。昨日の喧嘩は彼らの武勇が原因であるという。この事件に関して譴責を受ける者が多かった。たいして親しくないのに、縁があると称して両方に分かれ、本人と同じく確執したからである。また、北条左親衛（経時）は、祗候人に武装させ、若狭前司（三浦泰村）方の味方として派遣した。同武衛（北条時頼）は、両方の事情を尋ねることはなかった。これにより、前武州（北条泰時）は戒めて曰く、「それぞれは将来将軍の御後見となる器である。諸御家人に対し、どうして好き嫌いできようか。親衛（経時）の行動は大変軽率である。しばらく私（泰時）を訪ねてはならない。武衛（北条時頼）が相手の事情をくみ取ったことは、大変に重要なことである。追って恩賞を与える」という。次に若狭前司（三浦泰村）・大蔵権少輔（結城朝広）・小山五郎左衛門尉（長村）を招いて仰せになった。「互いに一家の棟梁として身を全うし不慮の凶事を防ぐべきところ、私に武威を誇り自滅を好むのは愚かなことである。向後は殊に謹慎するように」という。皆腰を曲げて敬礼し、陳謝できなかったという。

この記事は『吾妻鑑』に掲載された記事であり、編纂の時点で時頼の子孫の得宗専制が確立していたため、時頼を美化した記事である。多くの通史では、このエピソードを引用し、経時と時頼を比較し、弟時頼の政治家として器量が兄経時を上回っていたという叙述をよくみる。しかし、経時・時頼兄弟の政治家としての器量をこのエピソードのみから評価することは穏当ではない。

一二四二（仁治三）年六月、四条天皇の後継問題により朝幕関係が急速に悪化するなか、北条泰時は六十歳の生涯を閉じた。執権を継いだ嫡孫の経時は十九歳、弟の時頼は十六歳の若さであった。『吾妻鏡』には仁治三年の記事が欠けているため、経時が執権を継承した経緯や鎌倉の政情は不詳であるが、民部卿平経高の日記である『平戸記』に、泰時の病気のため幕府・朝廷の人心が動揺した記事が詳細に記されている。

（史料6）『平戸記』仁治三年六月二十日条[8]

今夜子刻、幕府の使節〈下条兵衛尉と号す〉が六波羅に到着したという。前武州泰時入道は六月十五日の夜すでに落命していたという。六波羅付近の騒動は、その後尋ねてみたが、すでに落ち着いたという。（中略）十日に病状が回復し食事もとれたが、十一日に再発し、十二日さらに進行し、十五日の未刻（午後一時〜三時）重篤となり意識を失い、体温の熱さは火の如く、人びとは近寄れなかった。亥刻（午後九時〜十一時）苦しみ乱れ、そのまま永眠したという。

泰時の死因は赤痢だったようで、参議平経高の『平戸記』（史料6）でも、「温気火のごとし」「人以ってその傍らに寄り付けず」と記しており、経高は顕徳院（後鳥羽上皇）の祟りという風説があると述べている。後鳥羽上皇が配所の隠岐で死去したのは、三年前の延応元年二月であった。

泰時が死亡した日は仁治三年六月十五日であるが、泰時にとって六月は特別に縁起の悪い月であった。先立たれた泰時の二人の男子は、時氏が一二三〇（寛喜二）年、時実は一二二七（安貞元）年の偶然にも同じ六月十八日に死亡した。また父義時も一二二四（貞応三）年六月十三日に死去したのである。近年の研究[9]によると、六月は食料不足・疫病などで死亡率の高い月といえるが、中世人にとって泰時一家の偶然を後鳥羽上皇の怨霊・祟りと考えたのは当然であった。六月十五日は、二十一年前の承久の乱で、泰時が幕府軍を率いて入京した日でもあった。しかし、泰時がそうした当時の公卿たちの感情をこえて、武家政治の理想・名執権としての評価を得ていくのは、やはり泰時の人徳といえようか。

連署の不設置

鎌倉幕府「連署」制は、一二二四（貞応三）年六月二十八日に北条政子の決定によって、時房・泰時を「軍営御後見」（鎌倉殿の政務の代官）に任命することで成立した。しかし、この時点で「連署」の職名は成立しておらず、したがって幕府文書に時房が連署することは絶対条件ではなかった。時房・泰時の関係は対等であり、複数執権制であった(10)。

北条泰時は、一二四〇（仁治元）年正月二十四日の執権時房の死後、なぜ後任の執権を選択しなかったのか。また、同三年六月十五日の泰時死去以後、四代執権に就任した経時は、四年後に時頼が執権就任に際し試みたように、なぜ六波羅の重時をもう一人の執権（のちの連署）に迎えようとしなかったのか。

この疑問に正面から取り組んだのが石井清文氏である(11)。石井氏は、北条時房没後の泰時単独執権体制の成立事情について、「執権自身が政治的実力において、他に優位であることが明白である場合、もう一人の執権（連署）は不要だった。」と述べ、北条経時が単独の執権であった時期について検討する。

結論として、

①経時が執権に就任した時点では、若年であり、政治的実力においては泰時とは格段の差があった。したがって、強力なサポートを必要としていた。連署を必要としていた。

②連署の候補者としては、泰時の弟たちとして名越朝時、重時、政村、時房息男として時盛、朝直などがあり、北条氏以外でも三浦氏や足利氏など多くが存在していた。それら多くの候補者相互の牽制のなかで、逆にそのうちの誰か一人が連署に就任することはできなかった。

③連署は、宝治元年(一二四七)の「三浦宝治合戦」後に北条重時が就任するまでついに空席のままであった。

と述べる。石井説に関する私見は、史料がないため保留・不詳としたい。

執権・連署の展開に関しては、「執権北条泰時・連署北条時房」の時代、「執権北条時頼 連署北条重時」の時代、「執権北条時宗・連署北条政村」の時代までは、執権・連署制は複数執権制で、執権・連署の関係は対等、場合によっては時房・重時・政村の政治的力量は、執権泰時・時頼・時宗を凌いでいたといえる。しかし、一二七三(文永十)年の北条政村の死後、得宗北条時宗・貞時・高時の時代になると、得宗家と得宗以外の執権・連署との関係は大きく変化し、得宗の事情によって、他の執権・連署の就任が左右されていく(12)。鎌倉幕府の実権は寄合会議に移行し、そのなかでも特定の人物(時宗時代の平頼綱・安達泰盛、高時時代の長崎円喜・安達時顕など)が大きな権力を掌握する(13)。

執権北条経時の評定制度改革

執権政治期の幕政は評定会議が中心となるが、泰時執権期以前には将軍御所で開催されていた評定会議は、泰時の時代になると将軍御所以外に、執権邸・小侍所・政所などでも開催されるようになる。しかも、将軍御所で開催される評定会議に将軍は参加せず、評定の決定事項を事書で閲覧するのみとなる。泰時の時代に、将軍は裁判・評定会議に関与することがなくなり、執権が評定会議を主導する執権政治が成立する(14)。

経時が執権に就任した翌年の一二四三（寛元元）年、経時は評定会議と訴訟手続に関する改革を実施した。史料7を御覧いただきたい。

（史料7）『吾妻鏡』寛元元年二月二十六日条

二十六日癸酉。諸人の裁判の事。裁判の怠慢をなくすため、今日、左親衛（北条経時）亭で審議があり、（裁判の）日時を決めたり、（裁判の）人員を決めたりしたという。

定　裁判実施日の当番の事

一番　三日　九日　十三日　十七日　二十三日
摂津前司（中原師員）　若狭前司（三浦泰村）　下野前司（宇都宮泰綱）
對馬前司（矢野倫重《ともしげ》）　大田民部大夫（康連）
二番　四日　八日　十八日　二十四日　二十八日
佐渡前司（後藤基綱）　太宰少弐（狩野為佐）　出羽前司（二階堂行義）
清右衛門尉（清原季氏）
三番　六日　十四日　十九日　二十六日　二十九日
信濃民部大夫入道（二階堂行盛）　甲斐前司（長井泰秀）　秋田城介（安達義景）
加賀民部大夫

右、順番を守り、怠慢なく勤めるよう、ここに伝達する。

仁治四年二月　日

同年二月二十六日、経時は評定衆を三番に結番し、各番の訴論沙汰日を決定した。一番は三日、九日、十三日、十七日、二十三日の五日間で、構成員は中原師員・三浦泰村・宇都宮泰綱・矢野倫重・大田康連の五名である。二番は四日、八日、十八日、二十四日、二十八日の五日間で、構成員は後藤基綱・狩野為佐・二階堂行義・清原季氏の四名である。三番は六日、十四日、十九日、二十六日、二十九日の五日間で、構成員は二階堂行盛・長井泰秀・安達義景・町野康持の四名である。各番の筆頭に記された中原師員・後藤基綱・二階堂行盛は各番内の序列において最上位であり、のちの引付頭人に相当する。(15)

従来の評定沙汰において全員出仕が遵守されず、欠席が多かったという事情から行われた訴訟制度改革であり、裁判の正確・迅速を期する方策によるもので、政治的背景としては、御家人等の信望が厚かった泰時没後、人心を安定し、御家人の動揺を防止するために実施され、これが時頼執権期の引付制の新設につながると評価されてきた。しかし、結番評定制の構成員は評定衆の全員ではなく、北条一門の評定衆である北条政村・大仏朝直・資時の三名は名前がなく、ほかに毛利季光・清原満定も結番されていない。

経時はさらに同年九月二十五日付の追加法で訴訟手続改革を実施する。

〔史料8〕『吾妻鏡』寛元元年九月二十五日条

二十五日戊辰。諸人の裁判について評定が行われた。事書を（将軍頼経に）御覧に入れ施行するよう命じられていたが、裁判が遅れて不都合である。今後は、奉行人に付し、事書に従い早急に下知状を作成すべきである。また、下知状と事書を問注所において勘合し、事書と相違なければ、下知状を発給するように、加賀民部大夫（町野康持）に命じられた。

従来の訴訟手続きは、まず問注所で書面審理・当事者尋問が行われ、その結果を評定会議が審議して判決が下り、判決の内容をまとめた評定事書を将軍が閲覧したのち関東下知状が発給された。この追加法は、将軍の事書閲覧を省略し、奉行人が事書にもとづいて下知状を作成し、下知状と評定事書を問注所で照合し、間違いなければ下知状を発給する、としている。この改革により、将軍が裁判に関与する機会が完全に失われたことを意味する。

おわりに―四代執権北条経時の評価―

仁治元年の時房の死後、泰時は一人将軍家政所別当をつとめたが、翌年から泰時を含めて別当が計七人に増員された。これは政所の権限強化であり、執権勢力の相対的後退を意味する。さらに、泰時の死、若き経時の執権就任により、将軍頼経の主従制的支配権が執権勢力にとって容易ならぬ存在として立ち現れる、という評価がある。(16)

一二四四（寛元二）年四月、北条経時は将軍頼経に強要し、将軍職を長子で六歳の頼嗣に譲らせた。

頼嗣は元服し、従五位上・征夷大将軍に任官、五代将軍となる。翌寛元三年七月、頼嗣は執権経時の妹（檜皮姫《ひわだひめ》、当時十六歳）を室に迎え、経時と深い婚姻関係を結んだ。

経時の在職はわずかに四年足らずで、その間の事績としては将軍頼経の更迭が最大のものであり、それ以外には特筆すべきものは少ない。名執権の誉の高い泰時・時頼の二人に挟まれていてはいっそう影の薄い存在、歴史上での評価という点では不遇な執権であった、という評価もある[17]。

わずか四年の執権在職であるが、将軍頼経の容易ならざる勢力拡大を将軍更迭という、今後の幕府政治における将軍と執権との対抗を解消するしくみの前例や、名執権時頼が設置した引付制度の前史をつくりあげた北条経時の一連の幕政改革は、これまで以上に高い評価を与える必要があると私は思う。

（1） 北条経時の基礎的研究は、辞典類を除くと、田中稔「執権北条経時」（安田元久編『鎌倉将軍執権列伝』秋田書店、一九七四年）、末木より子「第四代北条経時」（北条氏研究会編『北条一族』別冊歴史読本、新人物往来社、二〇〇一年）以外にはない。

（2） 経時の幼名に関しては『国史大辞典』の影響が大きいためか、「藻上御前」とする記述が多い。しかし、菊池紳一氏は、北条氏研究会「北条氏系図考証」第2章 義時流（得宗）（安田元久編『吾妻鏡人名総覧』吉川弘文館、一九九八年）のなかで、初めて野津本『北条系図』を根拠に「童名薬上」と指摘された。しかし、この指摘はその後にいかされず、菊池氏が代表をつとめる北条氏研究会編『北条氏系譜人名辞典』（新人物往来社、二〇〇一年、遠山久也氏執筆）では「幼名は藻上御前」とし、解説で野津本『北条系図』は幼名を薬上とすると紹介する。再編版である菊池紳一監修・北条氏研究会編『鎌倉北条氏人名辞典』（勉誠出版、二〇一九年）でも記述は同じである。また、註（1）末木より子「第四代北条経時」でも「幼名は藻上御前と称した」と記している。経時の幼名が「藻上御前」と「薬上」の二つで異なる記述がされるのは、その根拠に関する考察を省いているためと考える。前稿では、二つの記述の史料的根拠を検討し、「藻上御前」の根拠は、一七四九（寛延二）年に完成した若狭国小浜藩の地誌『若狭国誌』巻第五「守護」「北条経時」の注記に「寛喜二年至三年時七歳称藻上御前」と記されていることを根拠と考えた。また、『若狭国誌』は『若狭国税所今富名領主代々次第』（『群書類従』「補任部」）に記された「干時藻上御前」を根拠としたと考えられる。一方、「薬上」の根拠は野津本『北条系図』である。

野津本『北条系図』は、田中稔氏によって紹介された系図で、鎌倉時代後半期の一二八六（弘安九）年ないし一三〇四（嘉元二）年の奥書があることが注目され、系図の成立年代は十四世紀初頭と推定されている。どちらの史料に信憑性があるかは明白であり、経時の幼名は「薬上」と確定すべきと考える。

（3）田中稔「史料紹介　野津本『北条系図、大友系図』」（『国立歴史民俗博物館研究報告』五、一九八五年）。

（4）『吾妻鏡』弘長三年正月九日条。

（5）頼助に関しては、湯山学「頼助とその門流―北条氏と真言宗（東寺）―」（『鎌倉』三九、一九八一年）、同「頼助とその門流（補遺）」（『鎌倉』四五、一九八四年）。吉田通子「鎌倉後期の鶴岡別当頼助について」（『史学』五四―四、一九八五年）、平雅行「鎌倉山門派の成立と展開」（『大阪大学大学院文学研究科紀要』四〇、二〇〇〇年）がある。

（6）永井晋「鎌倉幕府垸飯の成立と展開」（小川信先生古稀記念論集『日本中世政治社会の研究』続群書類従完成会、一九九一年）。

（7）『吾妻鏡』は国史大系本（北条本）を利用した。引用史料の〈　〉は割書き、［　］は傍注、（　）は筆者の補記である。史料の現代語訳は、五味文彦・本郷和人・西田友広編『現代語訳吾妻鏡』11巻（吉川弘文館、二〇一二年）を参考にした。

（8）『平戸記』一（増補史料大成32、臨川書店、一九六五年）。

（9）田村憲美「中世東国生活史の一背景―『本土寺過去帳』の統計的分析試論―」（『季刊・中世の東国』一〇・一一合併号、一九八五年）、同「死亡の季節性からみた中世と近世―生活史の一背景として―」（『杉並区立郷土博物館年報』二、一九九二年）。ともに同著『日本中世村落形成史の研究』（校倉書房、一九九四年）に再録。

（10）拙稿「鎌倉幕府「連署」制の成立に関する一考察」（『鎌倉遺文研究』四一、二〇一八年）。

（11）石井清文「北条経時執権期の政治バランス―「連署」不置の事情―」（Ⅰ）（Ⅱ）（Ⅲ）（『政治経済史学』三九一、三九八、四〇〇、一九九九年）。

（12）拙稿「鎌倉幕府連署制の成立と展開」（日本史史料研究会編『将軍・執権・連署―鎌倉幕府権力を考える―』吉川弘文館、二〇一八年）。

（13）細川重男著『鎌倉政権得宗専制論』（吉川弘文館、二〇〇〇年）。

（14）仁平義孝「執権政治期の幕政運営について」（『国立歴史民俗博物館研究報告』四五、一九九二年）。

(15) 岡邦信「引付制成立前史小考」(九州大学国史学研究室編『古代中世史論集』吉川弘文館、一九九〇年)。
(16) 青山幹哉「鎌倉幕府将軍権力試論―将軍九条頼経~宗尊親王期を中心として―」(『年報中世史研究』八号、一九八三年)、工藤勝彦「九条頼経・頼嗣将軍期における将軍権力と執権権力」(『日本歴史』五一三、一九九一年)。下山忍「北条経時の発給文書」(北条氏研究会編『北条氏発給文書の研究・附発給文書目録』勉誠出版、二〇一九年)。
(17) 田中稔「執権北条経時」(安田元久編『鎌倉将軍執権列伝』秋田書店、一九七四年)。

小島つとむ

武士(もの丶ふ)たちの残像

はじめに

『吾妻鏡』は鎌倉幕府の始まりと展開を記した歴史書である。『平家物語』等とは異なり、和洋漢文で淡々と書かれている。が、そんな記述の合間に、鎌倉武士たちの躍動的な姿や「〇〇云」という形で彼らの肉声を伝える箇所がみられ、武士の価値観、気骨を窺《うかが》い知ることができる。

本稿ではそうした箇所のいくつかを紹介し、そのうえで彼らと同時代に精鍛された太刀や、彼らの活躍の場面を彫り描いた江戸時代の鐔などに触れ、武士《もの丶ふ》の残像を偲ぶこととしたい。なお、『吾妻鏡』は『新訂増補國史大系　普及版　吾妻鏡』（吉川弘文館）に拠った。

無双の勇者足利忠綱とその太刀

足利又太郎忠綱は平家恩顧の坂東武者で、頼朝に敵対し、最後まで臣従することはなかった。さぞや憎々しい記述のされ方かというと、実はそうでもない。『吾妻鏡』養和元年閏二月二十五日条に次のようにある。

［読み下し］

足利又太郎忠綱（中略）山陰道を経、西海方に赴くと云々。是末代無双の勇士也。三事人を越ゆ也。所謂、一、其の力百人に対する也。二、其の声十里に響く也。三、其歯一寸也と云々。

［現代語訳］

足利又太郎忠綱は（中略）山陰道を通って西海方面に行ったということだ。この足利忠綱という武士は当世二人といない勇士である。彼は三つの事で超人的であった。一つには百人力であったこと、二つ目はその声が十里に響くほどの大声であったこと、三つめは歯の長さが一寸にも及んだことである。

大力、大音声、そして大きな歯（顎が発達した屈強の大男だったのであろう）との記述から連想されるのは『平家物語』巻四の「橋合戦」「宮御最期」であろう。馬筏を組んで宇治川を渡った忠綱とその口上を伝える名文である。ぜひ音読し、その胸躍る旋律をお楽しみいただきたい。

『平家物語』巻四「宮御最期」（『日本古典文学大系32平家物語上』岩波書店）

足利は朽葉《くちば》の綾の直垂《ひたたれ》に、赤皮威《あかがわおどし》の鎧きて、たか角《づの》うったる甲《かぶと》のを《緒》しめ、こがねづくりの太刀をはき（中略）あぶみふんばりたちあがり、大音声《だいおんじょう》あげてなのりけるは、「とをくは音にもきき、ちかくは目にもみ給へ。昔朝敵将門をほろぼし、勧賞《けんじょう》かうぶっし俵藤太秀郷《たはらとうだひでさと》に十代、足利太郎俊綱《あしかがのたろうとしつな》が子、又太郎忠綱、生年十七歳、か様に無官無位の物の、宮にむかいまいらせて、弓をひき矢を放事《はなつこと》、天のおそれすくなからず候へ共、弓も冥がのほども、平家の御身のうへにこそ候らめ。三位入道殿の御かたに、われとおもはん人々はよりあへや、げんざん《見参》せん」とて平等院の門のうらへ、せめ入りせめ入りたゝかいけり。

五味文彦氏によれば、『吾妻鏡』の編纂に使われた史料は日記や合戦記で『平家物語』ではないという。が、右の『吾妻鏡』の足利忠綱の「三事人を越ゆ也」記述から『平家物語』の記事が自ずと連想されることから、筆者はここに『吾妻鏡』の編纂者の思惑を考えずにはいられない。つまり細々記さずとも、読者が勝手に『平家物語』の記述を思い出して「忠綱はあの人だ」とわかる、という趣向である。引用はせずとも実は『平家物語』が巧みに利用されているのではあるまいか。

さて「宮御最期」には「こがねづくりの太刀をはき」とある。『観智院本銘盡』（国立国会図書館蔵）の正恒《まさつね》の項に「足利又太郎忠綱宇治河参戦時是帯」との記述があり、忠綱の太刀は正恒の作と伝わる。では正恒の太刀とは一体どのような太刀であったのか。筆者が手にして観た重要美術品の正恒の太刀を紹介する。

正恒は平安後期の備前国の刀工で、時代の上がる備前刀という意味で「古備前」と呼ばれている。遺作中、太刀五振が国宝、太刀八振と小太刀一振が重要文化財、そして本作を含む十三振の太刀と四振の刀が重要美術品に認定されている。

この太刀は反りが高く、鋒《きっさき》（最先端部）は小さい。古調で、しかも凛然として美しい姿である。地鉄《じがね》（鍛錬の結果生じた鍛え肌の模様）は木材の断面のような模様と木の切り口の年輪のような模様が組み合わされた風で、黒く透き通った肌を交えて陰影がある。

刃文はまっすぐな刃を基調にゆったりと波打つような刃、小模様に変化する刃を交え、鷹揚で自然味がある。そして焼き入れの際に生じた鋼の結晶が光を反射して美しく輝き、焼刃は青みを帯びて冴え、切れ味のよさも十分に想像される。神妙な鏨《たがね》使いで刻された正恒の二字銘には雅味があり、正恒の繊細にして大胆な人間性の一端をも窺《うかが》わせている。

重要美術品　太刀　銘　正恒（『銀座情報』三六二号より。写真・刀絵図、株式会社銀座長州屋提供）刃長　二尺三寸四分（七〇・八糎）反り七分五厘（二・二七糎）

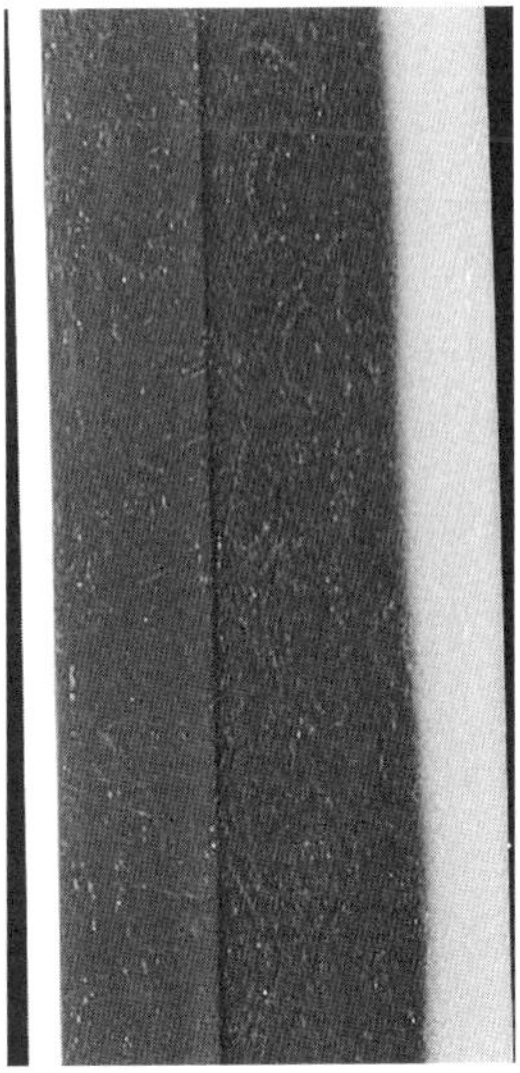

刀身中央部分約六一%拡大　板目のような文様と年輪のような文様の配合が自然である。

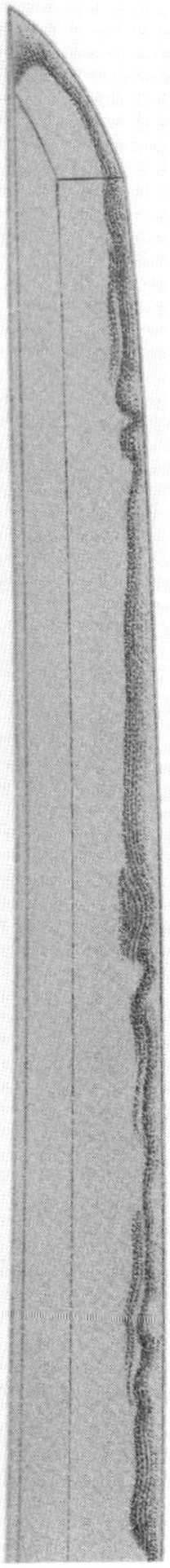

先端部からやや下の刃文の絵図（約五五%縮小）

銘文部分（約六四%縮小）

畠山重忠の廉直と豪胆

畠山次郎重忠は関東の大武士団秩父平氏の棟梁である。初め、頼朝に敵対するも、のちに御家人となり、行軍の際には常に先陣を仰せつかるなど重く用いられた。『吾妻鏡』には重忠の肉声というべき箇所が散見し、その人物像に触れることができる。

（1）弁解しない男

重忠は恩賞で伊勢国沼田御厨の地頭に任じられた。が、代官の不正を領主の伊勢神宮が訴えたため、重忠は千葉胤正宅に監禁され、七日間にわたって寝食を絶ち、言葉を発することなく過ごした。千葉胤正は、重忠の尋常ならざる疲労・憔悴ぶりに慌て、頼朝に報告。重忠は赦免された。その折の発言が『吾妻鏡』文治三年十月四日条にみえる。

［読み下し］

恩に浴するの時は、先ず眼代の器量を求むべし。其の仁無くんば其の地を請くべからず。重忠清潔を存じ、太だ傍人を越ゆの由、自慢の意を挿むの處、真正なる男の不義により恥辱に逢ふと云々。

［現代語訳］

恩賞で領地を賜った場合（領地経営を委ねる）代官の人物を見極めなくてはならない。もし適任者がいなければその領地を受け取ってはならない。私は我が身の清潔さを自覚し、それが人並以上であると慢心してしまっていたところ、真正という男の不埒な行いによってこんな恥ずかしい目にあってしまった。

普通なら身柄を拘束された際に、懸命に弁解するものだろう。だが、重忠はいっさい申し開きせず寝食を絶っている。そして許されるや「清潔自慢」との言葉を発し、浅はかな判断と自らの至らなさを自戒している。悪びれることなく、実にあっさりした重忠の人柄を伝える逸話となっている。

(2) 心言一致の自負

さて、許されて武蔵の館に帰還した重忠だった。が、梶原景時は、重忠を警戒すべきであると頼朝に訴え、対応を勧めている（『吾妻鏡』文治三年十一月十五日条）。

［読み下し］

畠山次郎重忠、重科を犯さざるの處、召し禁ぜらるの条、大功を棄損せらるに似ると称し、武蔵国菅谷館に引き籠もり、反逆を発せんと欲するの由風聞。しかして折節一族悉く以て在国す。縡すでに符号す。争か賢慮を廻らされざらんや。

［現代語訳］

畠山重忠は、重科を犯したわけではないのに身柄を監禁されたのは、これまでの大功を無にされたような扱いだと称し、武蔵国の菅谷館に引き籠もり、謀反を起こそうとしているとのことです。しかも畠山一族はみな武蔵国にいます。噂は本当かも知れません。何かお考えになられてはいかがかと。

主要な御家人が招集され、御前会議が開かれた。事情を問うか、討手を向けるか……。この時、結城朝光が、廉直の人畠山重忠の謀反はあり得ないと思うが、心配なら使いを送ってみたらどうか、と提案し、下河辺庄司行平の派遣が決定した。行平は重忠の古くからの友であり、また重忠に匹敵する勇者でもあった。

結局、重忠は十一月二十一日、行平と共に鎌倉に帰ってくる。そして逆心なき旨を陳述した。梶原景時はなおも潔白を誓う起請文を要求したが、重忠はこれを突っぱねている。その時の重忠の口状が痛快である。

［読み下し］
謀反を企てんと欲するの由風聞は還って眉目というべし。但し源家の当世を以て、武将の主と仰ぐの後、更に弐なし。（中略）重忠、本より心と言と異なるべからざるの間、起請を進めがたし。詞を疑い起請を用い給うの条は奸者に対する時の儀也。重忠においてを偽りを存ぜざるのことは、兼ねて知ろし食すところ也。速やかにこの趣を披露すべし。

［現代語訳］
謀反の企てがあるとの噂は勇士たるもの、かえって名誉というものだ。ただし、源頼朝公を主君と

仰ぐうえは、自分に二心はない。（中略）そもそも私重忠は心中と発言に違いがない。だから虚偽はないとの誓文などは進められない。誓文を出させるというのは、邪な人間に対する場合である。私重忠に限っては偽りがないことは、頼朝公はすでによくご存知である。早くお伝えするがよい。

謀反を疑われるは武将の誉れである、そして自分は存念と発言に違いがないから起請文など出す必要はないという。重忠独特の不思議な理屈が、実に小気味よく語られている。

実のところ重忠は、行平から事情を聞き、激怒のあまり自決しようとしたほどであった。が、行平から頼朝は疑いをもってはいないから自分を使者に立てたのだろうといわれて冷静になり、思いとどまったのである。豪胆な武将畠山重忠の繊細な内面と意地が伝わってくるようだ。

（3）先をこされても怒らず、恩賞が少なくても気にせず

文治五年の奥州合戦。頼朝軍の先陣は、やはり重忠であった。阿津賀志山《あつかしやま》越の合戦前の八月九日夜、三浦義村、葛西清重、工藤行光、工藤祐光、狩野親光、藤沢清近、河村千鶴丸の七騎が、畠山重忠を出し抜いての先駆けを試みた。重忠の郎党はこれを察知し「先陣たるあなたが先に行かなくてどうするのですか。彼らの先駆けを許してはなりません」と迫る。至極当然であろう。だが重忠はまったく意に介さない。

［読み下し］
重忠の向かはざる以前の合戦は皆重忠一身の勲功たるべし。且は先登《かつう》を進まんと欲するの輩の事、妨げ申すの条、武略の本位に非らず、且は独り抽賞を願ふに似る。只悃然となすが神妙の儀也。
［現代語訳］
（先陣を任された）私が乗り出す前に起こった合戦はすべて私の勲功になる。だから先駆けしようと欲する者どもを妨げるのは武略のうえでよろしくない。また自分だけ賞を願うようなものだ。だから気づかない振りが一番いい。

誰が一番乗りしようが、先陣は自分だから、それは自分の勲功だ、あえて妨げるのはよくない……。実に寛大な、しかしおかしな理屈である。

戦後、重忠は葛岡《くずおか》郡に「狭少の地」を賜るにとどまり（『吾妻鏡』文治五年九月二十日条）、恩賞は少なかった。それでも重忠はまったく平気だといわんばかりの言葉を吐いている。

［読み下し］
重忠敢えて確執せず。是其の賞を傍輩に周くせしめんがためなり。今これを見るに果たして皆数カ所広博の恩に預かる。恐らく重忠の芳志と謂《い》ふべきかと云々。
［現代語訳］

私重忠は（先陣である自分を差し置いての先駆けを知っても）あえて争わなかった。それは恩賞を同僚たちに行き渡らせるためであった。お陰でみんな広大な領地を賜った。それもこれも私重忠の気持ちによるものだ。

俺のお陰で、みんなよかったじゃないかというのである。これは本心なのだろうか、それとも負け惜しみなのであろうか。常人の物差では推し量れない畠山重忠像といえばそれまでだが、宇治川先陣を争った佐々木と梶原、一の谷での熊谷直実たちの逸話を思うと、まったく理解しかねる言動といえよう。

（4）勇者は勇者を知る

殊勲賞は誰か。『吾妻鏡』文治五年九月七日条によれば、藤原泰衡の郎党由利八郎を生虜したのが宇佐美実政か天野則景か、問題となった。そこで由利を捕らえた武士の馬の毛色と鎧の糸の色を、由利本人に尋ねることとなった。梶原景時がその役を仰せつかった。

［読み下し］

（景時）由利に立ち向かひて云ふに「汝《なんじ》は泰衡郎従中、其の号ある者也。真偽強ちに矯飭を構ふべからざるか。但し実正に任せ言上すべき也。何色の甲を着せし者、汝を生虜するや」と云々。

［現代語訳］

景時は立ったまま由利に向かい問うた。「お前は泰衡の郎従のなかでは名の知られた人である。まあ真偽を曲げて話すようなことはなかろうが、有態に言上するように。何色の鎧を着した者がお前を生け捕りにしたのか」

この梶原の物言いに誇り高い由利の怒りが爆発する。

［読み下し］

汝は兵衛佐殿家人か。今口状過分の至り、喩を取るに物なし。故御館は秀郷将軍嫡流の正統たり。已上三代、鎮守府将軍の号を汲む。汝の主人猶此の如き詞を発すべからず。矧《いは》んや亦《また》汝と吾と対揚の處、何れ勝劣あるや。運尽きて囚人となるは勇士の常也。鎌倉殿の家人を以って奇怪を見るの条、甚だ謂れなく、問ふ所の事、更に返答す能わずと云々。

［現代語訳］

お前は頼朝公の家来だろう？　それなのに今の口のきき方は何ともたとえようもないくらいに僭越であるぞ。亡き御館（泰衡）様は藤原秀郷将軍の嫡流の正統であらせられ、三代にわたり鎮守府将軍を号した名門だ。だから、お前の主人の頼朝公ですら、さっきのお前のような口のきき方などできるはずがない。第一、お前、戦場でこの私と対決して勝てるとでも思っているのか？　そりゃあ武運拙く捕らえられる、そんな事は勇士たるものの常というものだ。それでも鎌倉殿の家来風情のお前から、理不尽ともいうべき無礼な態度をとられるのは心外だ。断じて答えてなどやるものか！

由利は梶原の「上から目線」の態度に激怒したわけである。梶原は頼朝に、あいつは悪口しか言いません、と赤面しながら報告した。そこで頼朝は重忠を呼んだ。重忠は自ら敷皮を取り由利の前に持って来てこれに座り、礼儀を弁えた態度で由利に話しかけた。

[読み下し]

弓馬を携える者、怨敵のため囚せらるは漢家本朝通規也。必ずしも恥辱と称すべからず。（中略）貴《き》客《きゃく》今生虜の号を蒙ると雖も、始終沈淪の恨みを胎すべからざるか。奥六郡内、貴客武将の誉を備ふの由、兼て以て其の名を聞くの間、勇士等勲功を立てんがため、客を搦め獲るの旨、互ひに相論に及ぶか。仍て甲と云ひ馬と云ひ、尋ねられおわんぬ。彼らの浮沈、此の事に究すべき者也。何色の甲を着す者がために生虜せられ給ふや。分明に申せらるべし。

[現代語訳]

武士たる者、敵の捕虜となるのは中国でも我が国でもよくあることです。それは決して恥辱などではありません。（中略）あなたも今は捕虜の身となってはいますが、ずっと落ちぶれたと思ったままでなくてもよいと思いますよ。あなたの事は、奥六郡内の誉れある武将として以前から有名でしたから、我が軍の勇士たちが勲功を立てるべく、あなたを生虜したのは自分だと主張して争うのは無理からぬことです。あなたを捕らえた武士の鎧や馬についてお尋ねしたのはそれ故です。彼らの身の浮沈はこのことに尽きます。そこで問いますが、あなたは何色の鎧を着した武士に生け捕りにされましたか？　はっきりとお答えください。

重忠は由利に「貴客」と呼びかけて礼を尽くし、捕らえられた時の状況を問う理由を説明して尋問した。その態度が由利の心を動かし、彼の答えで生け捕ったのが宇佐美と確定するのである。

この逸話は、おそらく恩賞担当の奉行人の記録などによるもので、事実であろう。そして後の浄瑠璃や歌舞伎の「智勇兼備でしかも情ある武将」（『日本架空伝承人名事典』平凡社、一九八六年）という畠山重忠像も『吾妻鏡』のこの記事に拠っているのであろう。

（5）廉直の武士の最期

畠山重忠の最期はあっけなかった。元久二年六月二十一日、謀反の疑いで討手を差し向けられ、愛甲季隆の矢に当たり討ち取られている。享年四十二。

不利な戦況を鑑みた家臣は、館に退却して態勢を立て直しましょう、と提案した。それに対する重忠の肉声が『吾妻鏡』同日条にある。

［読み下し］

家を忘れ親を忘るるは将軍の本意也。随ひて重保誅せらるるの後、本所を顧みること能はず。去る正治の頃、景時、一宮館を辞し、途中におひて誅に伏す。暫時の命を惜しむに似、且又兼ねて陰謀の企てを有するに似る。賢察を恥ずべきか。尤も後車の誡めを存ずべしと云々。

［現代語訳］
家にも親にもいっさい執着しないのが将たる武士の本質である。だから重保が誅された今、本拠を顧みることはできない。正治二年梶原景時が一宮館を出、（再起をはかるべく上洛する）途中で誅せられた。それは残されたわずかな命を惜しむように思われたし、以前から陰謀の企てがあったかのようにも思われた。そんな風に思われることを恥とすべきだ。景時の失態をわが誡めとせねばならない。

重忠は最期までこんな調子である。弁解し、自身を守って生き延びる……。そんな処世は重忠にはない。重忠の生き方や信条は現代の我々の理解をこえており、それは鎌倉後期の武士たちにとっても同じだったに違いない。重忠の誇り高い生き方は、我々を魅了してやまない。それは『吾妻鏡』の編纂者も同じで、重忠のような武士の実在を何としても記録と記憶にとどめておきたかったのであろう。

さて、重忠の内面世界の一端を想像させる場面がある。建久六年、頼朝の上洛に扈従した重忠は栂尾に明恵上人を訪ねている（『吾妻鏡』建久六年四月五日条）。

［読み下し］
畠山二郎重忠、明恵上人に謁せんがため、栂尾に参向す。而に重忠近くに到るの時、煙塵頗る動く。上人の門弟等、洛中焼亡ありかの由、疑ひを成すの處、上人云はく「然からず。其の号ある勇士、

只今来入すべく、其の気見《あら》はる所也」者《てへ》れば、小時重忠参り名を謁す。僧衆今更、上人の詞を仰信すと云々。浄土宗法門を談じ、出離の要道を承り退出と云々

［現代語訳］

畠山重忠は明恵上人に面会するべく、栂尾に向かった。ところが重忠が栂尾の近くに来ると、煙塵がさかんに動いたのである。京都で火災でもあったのだろかと案ずる門弟たちに明恵上人は「そうではない。名のある勇士が今まさにこちらに来ようとしていて、その気が煙塵の動きとなって現れているのだ」といった。しばらくして重忠が来て名乗った。僧たちは改めて明恵上人の言葉に感心しまた畏れ入った。重忠は明恵上人と浄土宗の法門について話をし、明恵上人から迷いから脱し、悟りを開く道についてうけたまわって退出したという。

貫達人氏は明恵とあるのは法然の誤りとし、また清水亮氏によれば、重忠の親族に法然の弟子となった人物（津戸《つのと》為守）がおり、右に明恵とあるのは、正しくは法然で、京都・東山大谷での法然との交わりは本当にあったのであろう。何事にも執着せず、死をも恐れぬ畠山重忠。その達観ぶりは天性に加え、戦場での経験、平素の生活、写経や念仏などの修練で身につけたものかもしれない。

（6）重忠の時代の太刀

重忠が所持したと伝える太刀に備前高平がある（『観智院本銘盡』）。それは今日伝わっていない。参考に、筆者が実見した、高平とほぼ同時代の備前高包の太刀を紹介する。

この太刀は製作当時の姿をそのままとどめており、鋒から茎尻《なかごじり》までの曲線は実に美しく、鋒は小さく、品格高い姿である。

刀身全体に板目を想わせる地肌が現れ、刃文の影のような黒み（映り）が観察される。そして、刃中にも鍛錬された肌の模様が現れ、平安末・鎌倉初期の作の特色が顕著である。変幻自在な刃文の変化には技巧味（わざとらしさ）がまったく感じられない。また細鑽の銘は古拙である。

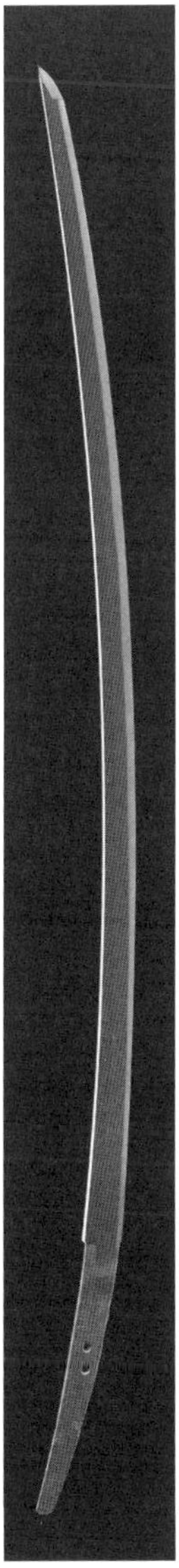

太刀　銘　一　高包（個人蔵。写真、株式会社銀座長州屋提供）刃長二尺六寸九分強（八一・四糎）反り九分（二・八糎）。

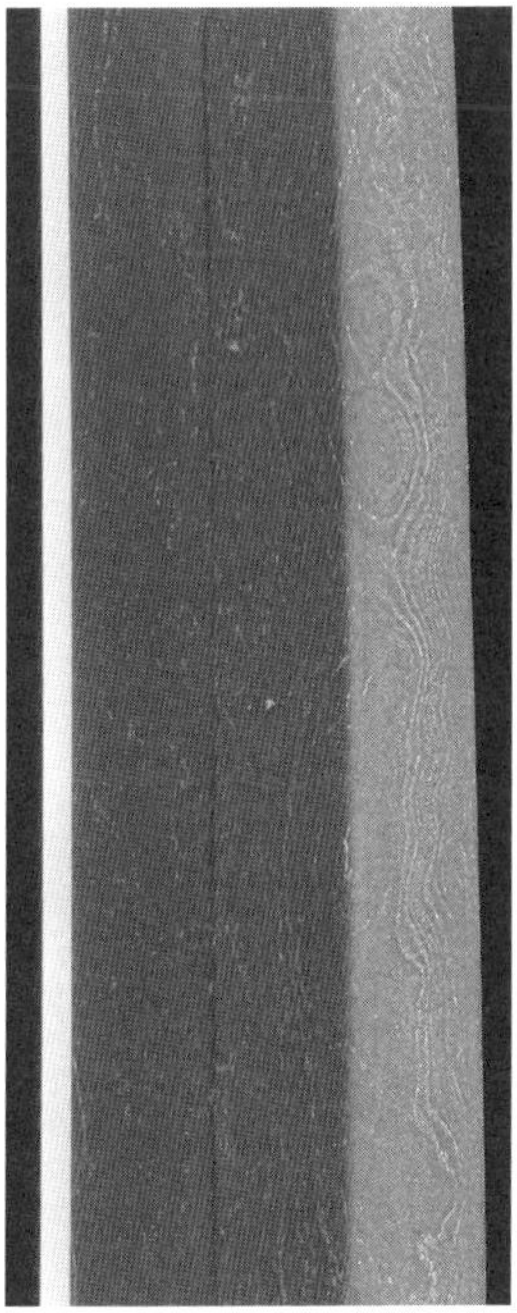

鋒からやや下付近七一％拡大　刃中に肌模様が鮮明に現れている。

銘字原寸大（公益財団法人日本美術刀剣保存協会『第二十七回特別重要刀剣等図譜』より）

高包は『日本刀銘鑑』（雄山閣、一九七九年）によれば、高平（重忠の太刀の作者）の門人で平安末期元暦頃の刀工の他に二刀工が載せられているが、この太刀は鎌倉初期の作と鑑定されている。そして、この太刀を説明した特別重要刀剣の図譜には「姿格好及び地刃の出来には古備前物の趣が強く遺存している」とあり、足利忠綱の項で取り上げた正恒と同じ「古備前」、平安末期の備前刀に近い作風であるとも記されており、この高包の太刀が重忠の高平に最も近い作であることは間違いない。ちなみに鑑定家の本間薫山博士はこの太刀の鞘に「元暦頃」とお書きになっているので、「古備前」、すなわち重忠の太刀の作者高平と同時代の作とみておられたことがわかる。

重忠所持と伝える古備前高平の太刀。もしこの世のどこかに伝来しているならば、是非とも手に取って静観し、畠山重忠の人物像に思いを馳せてみたいものである。

勇者・朝夷名三郎義秀

（1）躍動する筋肉と飛び散る汗、そして歓声

将軍頼家は、正治二年九月二日海に遊びに行った。もちろん御家人たちを従えており、浜で彼らの弓の妙技を堪能した。海といえば遊覧船である。海上で一献傾け、気分が乗ってきたところで、和田義盛の三男朝夷名三郎義秀が泳ぎの達人であることが話題となり、ならばその技をみようということになった。

［読み下し］
義秀辞し申すこと能はず、則ち船より下り、海上に浮かび、往還数丁。結句波底に入り、暫く見《あら》はれず。諸人怪をなすの處、生鮫三喉を提げて御船の前に浮上す。満座感ぜざるなし。
［現代語訳］
義秀は固辞できず、船から海に入り、悠然と泳いでみせ、さらには潜水し、しばらく姿を現さなかった。一同どうしたものかと案じていると、なんと義秀は鮫三匹を生け捕りにして浮上した。これには皆感心した。

義秀の水練技に深く感動した頼家は、愛馬を下賜しようとした。この馬は大江広元が献上した奥州一の名馬であった。これには義秀の兄常盛も黙ってはいなかった。この馬こそ常盛が、それこそ喉から手が出るほどに欲していた馬だったのである。「私、泳ぎでは弟には敵いませんが、相撲では負けません。相撲の勝者に御馬をください！」と必死に食い下がり、相撲勝負となった。

地響きを立てての大一番となった。もちろん、勝敗はなかなかつかずに白熱。義秀がやや優勢になったところで、北条義時が感極まって立ち上がり、二人の間に割って入ってしまった。その一瞬をつき、常盛は裸のまま馬に乗り、鞭を揚げて走り去ってしまった。悔しがる義秀。一同大笑いであったという。

悠々と泳ぎ、潜水して鮫を捕獲して人々を驚かし、休む間もなく兄との力相撲である。歓声、地響き、飛び散る玉のような汗……。まさに痛快無比である。

この一件は将軍頼家の行動に付随する出来事で記録があったものであろう。そして後年、頼経将軍の嘉禎三年四月十九日に、三浦泰村・光村兄弟が御前で相撲をとった際、勝負を決しない典拠として北条泰時により示されており、御家人たちの間で強く記憶されていたことがわかる。

（2）和田合戦での武勇と伝説

万能の勇者、朝夷名三郎義秀の、武士としてのハイライトが和田合戦であった。五味文彦氏の「最も精彩にあふれ、それ自体文学作品といっても過言ではない」との言葉通り、『吾妻鏡』建保元年五月二日条での義秀の描写は「朝夷名三郎合戦物語」のようであり、「神の如し。彼に敵するの軍士等死を免れず（神のようだ。対した武士たちはことごとく戦死）」と表現された猛烈な戦いぶりであった。そのなかの一つが足利義氏との一戦である。

［読み下し］

足利三郎義氏、政所前橋の傍らにおいて義秀に相逢ふ。義秀追って義氏の鎧袖を取る。縡太だ急なり。義氏駿馬を策し隍西に飛ばしむ。其の間鎧袖中より絶し、然して馬倒れず。主落ちず。

［現代語訳］

足利三郎義氏は政所前の橋の側で義秀と遭遇した。義秀は義氏に追い、その鎧の袖を掴んだ。万事休す、義氏は鞭を入れて馬を堀の西へ走らせた。その時、鎧の袖が中ほどから切れ、馬は倒れず、義氏も落馬しなかった。

義秀に鎧の袖を掴まれた足利義氏は、馬を走らせて逃れようとし、疾駆する馬の力と義秀の腕力があいまって、袖が中ほどでちぎれたというのである。これは軍記物でよくみられる力比べ逸話で、『源平盛衰記』にもほぼ同じ話（畠山重忠が巴の鎧の袖を掴み、巴が馬を疾走させ、袖がちぎれた）が載せられており、また『平家物語』の屋島の合戦での、悪七兵衛景清と美尾谷の「錣曳」の逸話も典型である（錣曳については『義経とその時代』（山川出版社、二〇〇五年）所収の拙稿「装剣金具に描かれた源平合戦」をご参照されたい）。肩回りを板状に覆う鎧の袖は革製もしくは鉄製の小さな板（札《さね》）が革や紐で綴じ付けられており、簡単に切れるはずがない。が、『吾妻鏡』のこの箇所は、和田合戦記のような記録にもとづいていると思われ、また実際に戦った相手（足利義氏）もいるので事実であった可能性を否定できない。もし事実だったとすれば、朝夷名と足利の出来事を参考に、『源平盛衰記』の畠山重忠と巴の逸話が創作されたものかもしれない。

さて、この鎧の袖の話に似た逸話が草摺引である。敵討で名高い曽我五郎の鎧の草摺（鎧の胴の下の前後左右に垂れる板状の防具）を朝夷名義秀が引っ張り、曽我五郎が踏ん張って堪えたので、草摺が鎧からちぎれたという話である。『曽我物語』が伝える顚末は次の通りである。

舞台は大磯の宿。人気の遊女の虎御前（曽我五郎の兄十郎の恋人）を目当てに訪れた和田義盛だったが、虎御前はなかなか現れない。虎御前は曽我十郎と一緒にいたのである。不機嫌になった義盛は朝夷名義秀に、虎御前を呼ぶよう命じる。朝夷名は二人を穏便に説得して連れてくる。ほっとしたのも束の間、なんと虎御前は義盛に酌をせず、十郎に酒を注いだのである。義盛は再び気分を害し、一触即発の不穏な空気が漂う。

一方、自宅にいた曽我五郎は、兄十郎の危機を予感し、緋威の腹巻（軽装の鎧）を身につけ、大磯の宿に駆けつけた。朝夷名は部屋の外に立つ曽我五郎の気配に気づき、兄弟の絆の強さに感心。五郎に「客人はこちらへ」とやんわりと声をかけ、五郎の草摺を引っ張るが、曽我五郎は微動だにしない。なおも引っ張ると草摺がちぎれ、朝夷名は尻もちをつく。そんな話である。

この話は江戸時代の装剣金具の画題にも採られ、次のような草摺引図目貫《めぬき》や縁頭《ふちがしら》そして鐔《つば》がある（一四〇頁）。まず参考に、江戸時代の刀拵と各部の名称を示す（一三九頁）。

一四〇頁下段の鐔は屋敷の庭で組み合う曽我と朝夷名の図。この鐔が歌舞伎の場面に取材していることは明らかで、朝夷名の衣装が鶴丸紋なのがその証拠である。歌舞伎で朝夷名義秀の衣装に鶴丸紋を用いるのは、初世中村伝九郎が鶴丸紋の衣装で朝夷名義秀を演じて大当たりして以来（初演は延宝年間〈一六七三～八一年〉）の定例であるという（『日本架空伝承人名事典』）。この鐔は無銘ながら江戸時代の金工後藤家の作として鑑定書（公益財団法人日本美術刀剣保存協会発行）が付されている。製作は江戸前期で、歌舞伎の初演の時期とほぼ重なる。歌舞伎では舞台設定や人物関係が大胆にアレンジされている。それこそまったく別の物語のごとくに、である。そして歌舞伎に取材したこれら装剣金具の図柄はいずれも筋骨隆々の武士が戦う、ものものしく、また芝居の一場面のような描写となっている。

だが『曽我物語』で、朝夷名義秀は決して戦闘的なだけの人物ではなく、むしろ機転のきく人物として描かれている。彼はしらけた座を盛り上げようと君が代を謡い囃し、曽我五郎を刺客ではなく客人と

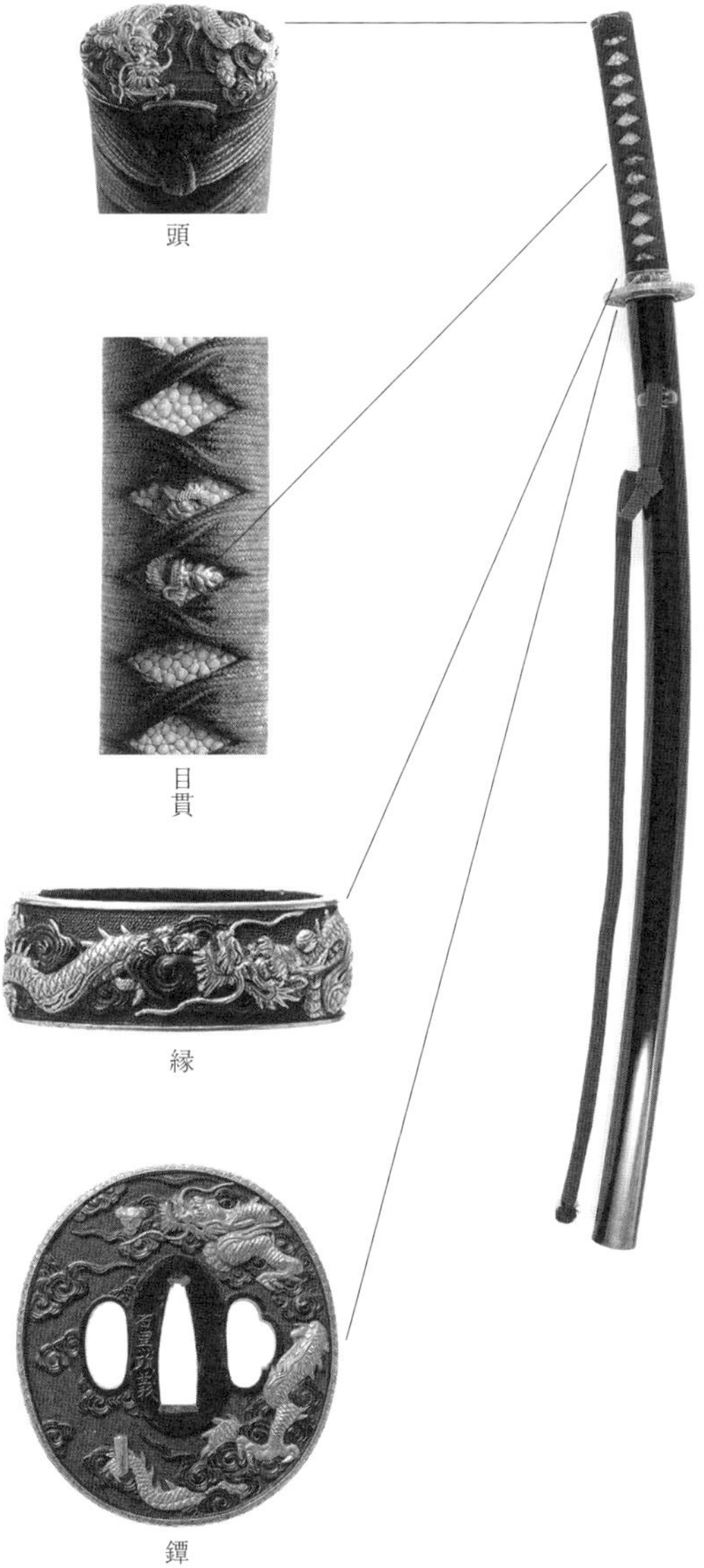

江戸時代の刀拵と各部の名称（株式会社銀座長州屋提供）　拵の金具は龍の図。拵全長一〇三cm。

草摺引図目貫（『江戸幻想奇譚』より） 曽我五郎（右）と草摺を手に尻もちをついた朝夷名義秀（左）。

草摺引図縁頭　銘　兼随（『銀座情報』434号より） 江戸後期の金工浜野兼随の作。頭（右）に厳めしい顔の曽我五郎。縁（左）に歯を食いしばり、目を見開いて力の限り草摺を引く朝夷名義秀。頭34mm 縁37.8mm。

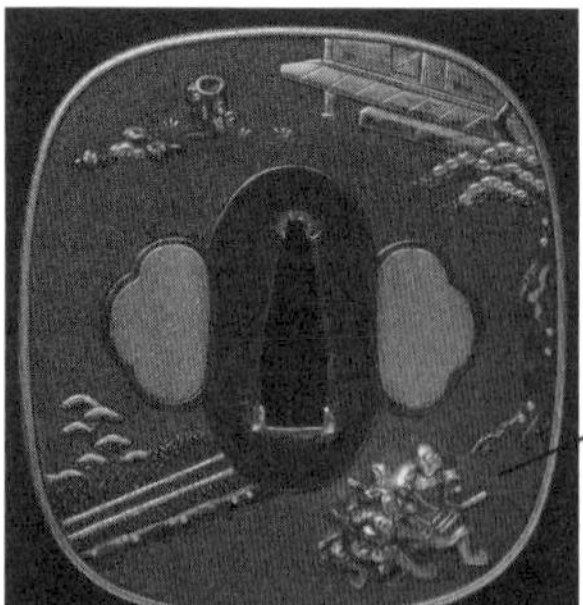

草摺引図鐔　無銘　後藤（『銀座情報』212号より） 曽我五郎（右）と、曽我五郎の草摺を引っ張る朝夷名義秀（左）。縦73.5mm　横70.2mm。

して招き入れんとしてその草摺を引き、草摺がちぎれて尻もちをついた後もなお、おどけた態で曽我五郎を部屋へ招いて酌をし、五郎は遅参の無礼を詫びながら盃を三杯飲み干す。そして朝夷名義秀も三杯飲み、その盃で虎御前が飲んだ後、義盛へ盃はわたる……かくして座はしらけながらも円満を取り戻すのだが、それは朝夷名義秀の三枚目に徹しての行動によるものであった。

そもそも草摺引の話を載せているのは仮名本『曽我物語』で、成立の古い真名本『曽我物語』にはない。つまり原曽我物語に加わった面白い逸話の一つが、大磯での草摺引の逸話であった。そして江戸時代の歌舞伎に採り入れられると、朝夷名の機転のきく人物像は誇張され、伝法な口調で、滑稽味があり、衣装も立ち居振る舞いも大げさな武士として描かれ、たとえば『男伊達初買曽我』（宝暦二年・藤田斗文作。日本名著全集『歌舞伎脚本集』所収）では兄弟揃っての大願成就を願って知恵をめぐらし、弁舌を駆使して兄弟を導いていく人物として舞台を盛り上げるのである。装剣金具の図柄の朝夷名にもそんな風情がある。そしてこのような朝夷名義秀像の大本は西脇哲夫氏が『日本架空伝承人名事典』で述べたように『吾妻鏡』の記述なのである。

（3）朝夷名三郎義秀の最期

朝夷名三郎義秀は和田義盛の乱で討ち死にした。『吾妻鏡』の「建暦三年五月二日三日合戦にて討たる人々の日記」に「朝夷名三郎」の名がある。だがその一方で『吾妻鏡』建暦三年五月三日条には、朝夷名義秀が五百騎の武士を引き連れて、海路、安房へ逃れたともある。

［読み下し］

朝夷名三郎義秀卅八幷に数卒等海浜に出、船に棹し安房國へ赴く。其の勢五百騎。船六艘と云々。

［現代語訳］

朝夷名三郎義秀三十八歳と彼の軍勢は海辺に出、船で安房国へ逃れた。総勢五百騎、船六艘という。

そして『和田系図』（『群書系図部集第四』続群書類従完成会。昭和四八年十月十日発行）の義秀の項には「天下無双の大力。父滅亡の時、舟に乗り房州へ渡り、遂に高麗國へ越すと云々。時に三十八歳」とある。

義秀の兄常盛ら主だった六将も逃亡しているが、六人全員の名が「建暦三年五月二日三日合戦にて討たる人々日記」に見える。朝夷名義秀も安房で討ち取られたか、自殺したとするのが妥当であろう。しかし、義秀が安房国、さらには高麗国へ逃れたとする記述は、快男児・朝夷名三郎義秀の死を望まない、もしくは信じたくない人々が少なからずいたことを想起させる。そして異国へ旅立ったという伝承は、さらに朝夷名が地獄へ行って閻魔大王と対峙し、大暴れする物語まで生み出したのである（装剣金具にも朝夷名地獄譚にちなんだ図柄がある）。

かくして朝夷名三郎義秀は『吾妻鏡』にその活躍譚が記され、仮名本『曽我物語』、江戸時代の歌舞伎等に発展的に採り入れられ、さらには江戸時代の装剣金具にも描かれ、その鮮烈な残像をとどめているのである。

おわりに

『吾妻鏡』に散見する武士の逸話。もし事実を記述するだけなら、最後まで敵対した足利忠綱にせよ、滅亡した畠山重忠や朝夷名義秀にせよ、もっとあっさりと描写するにとどめてもおかしくはなかろう。しかし『吾妻鏡』の編者はそうはしなかった。淡々とした記述の間に、編者によって織り込まれた、武士たちの人間らしい姿や面白い逸話の数々。それらを見出すことは『吾妻鏡』の大きな魅力の一つである。

そしてかつて武士と共にあった太刀は実に美しい。また彼らの雄姿や逸話に取材して製作された鐔や小柄などの装剣金具は見るととても楽しい。それらを手にしている時、刀鍛冶や金工、所持した武士たち、さらには装剣金具の図柄の主人公たちと、見えない糸でつながっているように思え、筆者の心は感動で打ち震えてしまうのである。

ここまでお読みくださった皆様には心より御礼申し上げる。また多忙な中、時間を割いてご助言くださった株式会社銀座長州屋の深海信彦社長にも改めて深謝したい。そして不出来な学生であった筆者にも愛情を注いでくださった安田元久先生と奥様の御霊に合掌し、擱筆する。

参考文献
久保田和彦「鎌倉御家人列伝」福田豊彦・関幸彦編『「鎌倉」の時代』山川出版社、二〇一五年
五味文彦『増補　吾妻鏡の方法』吉川弘文館、二〇一八年

清水亮『中世武士畠山重忠　秩父平氏の嫡流』吉川弘文館、二〇一八年
貫達人『畠山重忠』吉川弘文館、一九六二年
深海信彦・善財一『江戸幻想奇譚』ＰＨＰ研究所、一九九五年
歴史群像編集部編『「図解」日本刀事典』学習研究社、二〇〇六年

小林健彦

『吾妻鏡』にみる対自然観と人心

―気候変動と鎌倉と―

はじめに

『吾妻鏡』の時代、日本の自然環境は前代の平安時代に続いて過酷なものであった。とりわけ、ロットネスト海進（平安海進）末期・パリア海退初期にあたった当時、さまざまな気象上の変異が気候変動の一環として人々の身の上に降りかかっていたのである。それに加えて、民政（被災者救済）分野には消極的であったとされる鎌倉幕府の基本的な姿勢もあって、日本在住者による「無常観」「厭世観」はいよいよ成熟期、完成期を迎えていた。その核心には、災害（自然的・人為的）の多発、王権の没落、武家勢力の伸張という三つの要素があったものと推察される。平安期以降、人々の志向性は、なお、内向きのままであった。

鎌倉幕府がその編纂に大きく関与したとされる『吾妻鏡』には、実にさまざまな気象現象や地盤に関わる事象等の自然現象（自然災害）が記録された。部分的には、幕府もそれを「災異」であると受けとめ、神道や仏教に関わる宗教者、陰陽道・陰陽師を動員した形で対処を行った記録もあえて登載されたのである。鎌倉政権も重要視していた『日本書紀』中では、諸々の自然現象（自然的災害）や、人事に起因した形での災異（人為的災害。戦乱・伝染病の蔓延・失火等）に対しては、それらの事象が意味する天神地祇よりの警鐘の意図を探りながら、対処を行っていた形跡が認められた。その対処権能を持つ者は、唯一ヤマトの王権であるとして政治的に利用し喧伝したのであった。自然現象すらも王権による統治上の方法論の一つとしてみなしていたのである。『吾妻鏡』や鎌倉幕府の場合にはどうであろうか。

本稿ではこのような課題意識より表題に関わる検証を試みる。ここで使用した『吾妻鏡』は国史大系本（第三二・三三巻）『吾妻鏡　前篇・後篇』（吉川弘文館、二〇〇〇年三月）である。なお、特に注記がない限り、引用した原典史料は国史大系本『吾妻鏡』である。

「雪會稽之耻（会稽之恥）」と「雪」と鎌倉と

『吾妻鏡』は組織記録としてつくられたものである。個人が筆録をしていた記録の種類としての私日記とは異なり、気象の動向に対して大きな関心を払っていたとは言い難い。その編纂の経緯からも、日々の気象動向に関わる詳細な記録を記載することは物理的にも困難であったものとみられる。これとほぼ同時期を記録対象とした、藤原定家の『明月記（照光記）』（一一八〇（治承四）年〜一二三五（嘉禎元）年に至る五十六年間の日次記《ひなみき》）にみられるような、毎日の詳細なる気象記録の存在とは対照的でさえある。日本の古代社会において、史料上の種別としての私日記タイプの記録には、気象に関わる記述が数多く登場する。まず、その日の記事の冒頭部では、その日の天気（の推移）が記されることが多かった理由として、そこに天気以上の何らかの意味や意義を感じとっていたことが指摘可能である。

「國々國司。庄々領家者（朝廷の地方官や荘園領主の人々は）。大略（だいたいの人々が）在京也」（一一九〇（文治六）年四月十九日付「内宮役夫（人）工作断《りょう》未濟成敗所々事」。『吾妻鏡』一一九〇（建久元）年四月十九日条に所収）という政治・経済的状況や、在京御家人の存在が、十二世紀を目前とした時期にあってもなお、続いていたことを考慮するならば、諸記録や『吾妻鏡』に記載されていた気象の動向も、特段の記載がない限り、ほとんどの場合には平安京や鎌倉を中心とした地域における状態であるといっても過言ではない。地方において、完成形の文字認知（記録可能な日本語運用能力）が可能であった国司や荘園のオーナーたちがそこにいなかったのであれば、地方における気象の動向など、記録に残るはずもない。この課題を追究する時にはそうした社会的状況、また、在京・在鎌倉記録者による興味対象の地域的な偏向というポイントをも考慮する必要性が生じるのである。さらには、史料自体の残存状態の地域的な偏在という問題もある。これらの状況をふまえなければ、この研究は単に京都と鎌倉における気象の様子の追究という形にしかならない。気象の動向とは全日本的、北半球的な規模で推移するからである。ここでは、こうした点をも念頭において考えてみたい。

　ところで、『吾妻鏡』にみられる「雪會稽之耻」（一一八〇（治承四）年八月二十四日・同二十六日条等）、「雪會稽耻辱」（一一八五（文治元）年五月二十四日条）とした表現法に使用されている「雪」の語は、この場合には気象現象としての雪（ゆき）ではなく、「すすぐ」、「そそぐ」と発音し、「清浄な状態にする」の意味でとらえる。したがって「雪會稽之耻（かいけいのはじをすすぐ・そそぐ）」とは、「合戦で負けた恥辱心を回復させる」との意になる。これらは源頼朝の挙兵時における文中や、いわゆる「腰越状（源義経が大江広元宛に送った弁明の書状）」の冒頭部分等において出現する日本語運用法である。

それではなぜ、気象現象を表わす雪の語にそのような意味用法が与えられたのであろうか。一つには雪という物質の帯びた対色彩認識、つまり、白色に対する古代東アジア文化圏で共通した霊妙感（観）がその根底にあった可能性がある。すなわち、すべての事物等を初期化させ得る神秘的な力を持った不可思議なる色彩が、唯一、白色であるという思想である。『大漢和辞典』（修訂第二版第二刷）―「雪」の項では、雪の語に対して雪（が降る）、きよめる・のぞく・すすぐ、白い（ものの喩）、きよい・高潔、の四類型の語義を載せる。ここでは、雪（が降る）→白い（ものの喩）→きよめる・のぞく・すすぐ→きよい・高潔という時系列で雪の語が展開していった経緯を知るのである。

『吾妻鏡』の一一八七（文治三）年十二月七日条では、美作国（内閣文庫所蔵北條本では美濃国）の守護であった梶原平三景時が、そこで捕獲された「靈鵯（ひよどり Hypsipetes amaurotis 全体的に灰褐色で頭部には茶色の斑があり、南天や梅と共に描かれることがある）」（吉川子爵家所蔵本では「鵯」、北條本では「鴨」とする）を源頼朝に献ずるが、その鳥は「背与腹白似雪（背と腹は白色でその色は雪のようであった）」であるとして彼（二品）が殊に賞翫《しょうがん》したとしている。その背景には、「是可謂吉瑞歟（これは吉兆であると言うべきであろうか）」とした白色霊妙感（観）があったことが想定される。それのみならず、こうした佳例・瑞物の先例を、おそらくは『日本書紀』等から引用し、『吾妻鏡』の記事として掲載した。そこでは問注所執事であった三善康信（法名は善信）によって、白・赤・鳥（雀・雉）・西国（鎮西）という四つのキーワードが抽出され、天武天皇治世下における祥瑞《しょうずい》改元との関連性を示唆したのである。色彩と実際の政治動向とに何らかの関連性があるという認識が鎌倉期にあってもなお、存在していたことを知ることができる。

その一方、一二三〇（寛喜二）年六月十六日条にみられる「白雪降」、「大雪降」記事とは、実際に発生していた気象現象としての降雪であった。しかも、「白雪降」はグレゴリオ暦・太陽暦の七月二十日に美濃国の蒔田庄（岐阜県大垣市上石津町牧田付近）で発生していた出来事であり、「武州（北条泰時）太令怖畏給（大変な恐怖心におそわれた）。可被行徳政之由（徳政を実行するようにとの）。有沙汰云々（ご指示があったということだ）」という事態に立ち至っていたのである。この真夏における低温傾向や降雪事象は「寛喜の飢饉」のなかでの出来事であり、それは典型的な「第二種型冷夏」による気象災害であった。わざわざ、『吾妻鏡』に「雪」ではなく、「白雪」と記載した心理的背景よりは、通常ではあり得ない気象現象に対した霊妙感（観）や不安感、制御不可能な自然に対する底知れぬ畏怖心が垣間見えるのである。それは現実的な課題として、当年における農作物への決定的なダメージが誰の日にも明らかであったからでもある。

神奈川県鎌倉市内には、住居表示地名として「雪ノ下」なる呼称が存在する。そもそも、その中心である現在の鶴岡八幡宮の境内地が「雪ノ下」なのである。『角川日本地名大辞典　十四　神奈川県』―

「ゆきのした　雪ノ下〈鎌倉市〉」によれば、そこは古鎌倉湾の沖積地に位置し、周辺は大臣山を中心とした谷合の地であるとしている。地名の由来は、源頼朝が盛夏でも雪を賞味するために利用した氷室が、鶴岡八幡宮の北側にあったことによるという。時代が新しくなるにつれ、この地名が表わす地域は拡大していったらしい。これも、当該期の夏季がいまだ暑熱著しかったがゆえ、酷暑をやり過ごすためには氷室が欠かせない施設として、鎌倉にも整備されていた証左であろう。ただ、この説明は、鎌倉に設置されていた施設が氷室ではなく、冬季に降った雪を貯蔵した雪室であった可能性を示唆する。それは、鎌倉に特徴的な谷戸《やと》地形にあった沢筋・谷地《やち》を利用したものであったと考えられる。『吾妻鏡』をみる限りにおいて、鎌倉では現在よりも比較的頻繁に、しかも多くの降雪のあったことが知られる。一二〇〇（正治二）年正月十三日条（グレゴリオ暦・太陽暦の正月三十日）には「入夜雪下（降る）。殆盈（みたす、あまる）尺（約三十センチ）」、同十八日条にも「深雪風烈（風雪が激しい）」と記されるのは如何にも雪国のごとくである。氷室を経営するには、こうした冬季における傾向は好都合であったものと推察される。

　氷室は元々、民間経営の施設もあったであろうが、酷暑を乗り切るため、王権によって順次整備され、「延喜式　巻四十　主水司」の記載によれば、宮内省主水司の氷戸《ひこ》が所管していた氷室が山城国葛野郡徳岡・愛宕郡小野・栗栖野・土坂（ハニサカ、アフサカ）・賢（堅）木原・石前（イハサキ）、大和国山辺郡都介（ツケ）、河内国讃良郡讃良、近江国志賀郡部花（龍華）、丹波国桑田郡池辺等、畿内を中心に二十一カ所設定されており、そこより取り出してきた「寒氷」でもって、夏季に天皇・皇族や臣下の者が涼をとることも行われていたらしい〔『明月記』一二二九（寛喜元）年六月二十日条〕。さらに、製氷作業を行う「氷池」も合計五四〇カ所（山城国二九六カ所・大和国三〇カ所・河内国五八カ所・近江国六六カ所・丹波国九〇カ所）に設定されており、かなり大規模に、しかも、大量に夏季用の氷が厳冬期に製造されていたのである。得られた氷の使用法ははっきりとしないものの、氷そのものを削って金属製の椀に入れ甘葛《あまずら》をかけて食したり〔削氷《けずりひ》。つまりかき氷〕、盆の上に氷柱を立てて室内におき、気化熱で部分的に涼気を得たりしていたのであろう。

鎌倉では、「氷池」の存在が定かではないことから、実際には氷室ではなく、雪を突き固めて納めただけの原始的雪室であった可能性もあるが、都に比して夏季における雪氷需要が少ないこともあり、さすがにそれだけの大規模経営ではなかったであろう。『吾妻鏡』一一九一（建久二）年二月十七日条では、「雪降。積地五寸（約十五センチ）。（中略）取山邊雪。納長櫃（櫃）。彼送遣竪者坊（山辺に積もった雪をかき集めて、溶けないように長櫃へ納め、竪者坊に送った）。彼所屬山陰。日脚相隔（山の陰にあったので、日当たりも悪かった）。仍搆（構）氷室。可消炎暑之由被仰（この暑熱を解消するように将軍からご指示があった）。以此次。當參諸人運送白雪云々」とあり、山蔭にあった竪者坊に氷室を設定したらしいが、そこに納められたのは氷ではなく、山地で掻き集められた綺麗な降雪であった。いずれにしても、それらの雪氷は庶民用途ではなく、将軍をはじめとした為政者専用の事物であったものと考える。夏に向けて「可消炎暑」という頼朝の無体な要求は、いかにも周囲の人々を翻弄したことであろう。

この「雪ノ下」ではかつて、三代将軍源実朝が右大臣補任に際して鶴岡八幡宮へ拝賀し、甥でその別当阿闍梨であった公暁に討ち取られた場所であった。一二一九（建保七）年正月二十七日条（グレゴリオ暦・太陽暦の二月十三日）では、「霽（曇天であり、基盤には雨・雪の状態がある）。入夜雪降。積二尺餘（約六十センチ）。（中略）別當（阿）闍梨公暁打（討）父敵（かたき）之由。被名謁云々。就之。各襲到于件雪下本坊」とあり、おそらくは南岸低気圧が発達しながら八丈島付近を東進、通過するのにともない、鎌倉においても二尺の積雪があったものであろう。推測ではあるが、積雪は二尺ではなく、実際には二寸であった可能性が高いものの、前年の夏季が猛暑であり、その名残で日本の太平洋沿岸海域の海水温があまり低下していなかった場合には、南岸低気圧の急発達もあり、北方より寒気を引き込み、鎌倉における二尺の積雪もまったくあり得ないことではない。これを除く鎌倉での最深積雪は、一二〇二（建仁二）年十二月十九日条（グレゴリオ暦・太陽暦の一二〇三年二月二日）にみえる「雪降。積地七寸（約二十センチ強）」、及び、一二一〇（承元四）年十二月二十一日条（グレゴリオ暦・太陽暦の翌年一月七日）にみえる「曉以後雪降。積尺餘（約三十センチ）」であった。現在よりも、冬季における最大積雪量は多い傾向にあったものとみられる。「大雪降」（一二〇六（建永元）年二月四日条（グレゴリオ暦・太陽暦の三月十四日））の記載もあるが、積雪量の記載がないことから、どの程度積もると鎌倉では大雪認識に至っていたのかは不明であるが、『明月記』、『山槐記』、『永昌記』、『台記』等の日記（於、平安京）では、およそ五寸であったことが知られる。なお、十二～十三世紀の平安京における最深積雪は、「台記　巻五」一一四五（天養二年・久安元）年十一月九日条（グレゴリオ暦・太陽暦の十二月二十四日）にみえる「今朝、積地八許寸（約二十五センチ）」であり、これは前夜からの「雪大降（大雪）」の結果であった。

ただ、こうした大雪であるが、平安京にしても鎌倉においても、それを雪害であると受けとめる記事はあまり見当たらない。豪雪被害には至らなかったからである。それよりもむしろ、雪の降る機会自体が日本海側の地域と比較しても少なかったため、大雪は幽玄で霊妙なる白色鑑賞の対象であり、『吾妻鏡』においても「及晩（曉）。將軍家（源実朝）爲覽雪（雪景色をご覧になるために）。御出名越山邊（衣張山付近か）」（一二〇六（建永元）年二月四日条）、「雪降。將軍家爲御覽山家景趣（山家の雪景色をご覧になるために）。入御（お入りになった）民部大夫（二階堂）行光（政所執事）之宅。以此次（その際に）。行光献盃酒。山城判官行村等群參。有和哥管絃等御遊宴（和歌や管弦の遊び、そして宴が設けられた）」（一二一三（建保元）年十二月十九日条）等と記録されていたように、そこは雪見の遊興の場ともなっていたのである。翌日条に掲載された「雪」を題とする「この雪を　わけて心《こころ》の君にあれは　主知《し》る駒《こま》の　ためしをそひく」（二階堂行光が将軍源実朝へ進上した馬の立髪に結びつけた紙に記した和歌）、「土しれと　引《ひき》ける駒の　雪を分《わけ》は　賢《かしこ》き跡《あと》に　かへれとそ思《おも》ふ」（源実朝の返歌）の二首の和歌では、そうした雪を主従性的な結合の障壁として「見做し」、作品としていたのである。

都でも大雪の際には雪山を築いたりして遊び、内裏でも天皇が「雪御覧」を行い、皆で雪山を競作したりしていた。とりわけ、源実朝期にあっては、詠歌や詠吟が行われたため、「片土（片田舎、都の近郊）冬氣」、「枯野眺望」、「雪後朝」（一二〇六（建永元）年十二月二十三日条）、「沍（ご。こおる）陰（くもる）。白雪飛散」（一二〇七（承元元）年十二月三日条）等といった寒々しい景色もまた、風情あるものとして重んじられていたのである。

西高東低の冬型の気圧配置において、冬季にあっても晴天の日が多く、日本海の沿岸部地域と比べて比較的積雪量の少ない太平洋沿岸部地域では、たとえ二寸の積雪であったとしても大雪認識であったものと考えられる。こうした積雪も、酷暑の夏を乗り切るための貴重な資源として掻き集められ、「雪ノ下」にあったとされる氷室・雪室へと運び込まれていたかもしれない。厳冬期にあっても温暖な鎌倉（年平均気温は十六・三度）における積雪は、通常は「去夜雪猶委（おく、すておく）地（うっすらと積雪があった）」〔一一八六（文治二）年正月三日条〕といった程度のもので、ほとんど一寸にも満たない計測不能な量であったとみられる。月別降水量でも、一～二月の鎌倉市は五十ミリにも満たないのである（二〇一四年値。気象庁の観測による）。

以上、いささか語呂合わせのようではあるが、ここまで「雪」をキーワードとした事象が揃ってしまうと、はたして語呂合わせであるとも言い切ることができないのかもしれない。加えて、一一八六（文治二）年四月八日条（灌仏会の式日。グレゴリオ暦・太陽暦の四月二十八日）に記されていた逸話において、静女（静御前。この時、源義経の行方を捜査するために鎌倉へ連行されていた）が鶴岡宮の廻廊で演じた「よし（吉）野山（奈良県吉野郡吉野町）みね（峰）のしら（白）雪ふ（踏）み分て　い（入）りにし人（源義経のこと）の　あと（跡）（雪上に残された義経の足跡）そこひ（戀）しき」の歌謡は、彼女が「廻白雪之袖」（白拍子が着用した男装の水干《すいかん》を表現したもの）して歌ったというが、ここにみられる「白雪」も単なる偶然の雪であろうか。彼女が感じた鎌倉における空気感の冷徹さを、白雪のような霊妙な冷たさに置き換えて表現したものではなかったのではなかろうか。そこには義経の妾妻としての情愛＝熱量との対照表現法をも見て取ることができる。

都市としての鎌倉、また、鎌倉時代前半期とは、そうした気候の変異や、対気象認識がいまだ「顕著に出現」していた時期にあたっていたのである。むろん、鎌倉政権としても、「天霽（晴）風静」という穏やかな気象の状態が最善であるという認識は、『吾妻鏡』の記事を通して感じることができるが。

強風と火災―鎌倉にとっての南風の脅威とは―

著しい強風も自然災害であるが、それが原因で建物の顚倒被害や農業被害が発生するだけではなく、時として失火や放火行為によって大規模火災に至ることもあった。むろん、都市化する鎌倉もその例外ではなかったのである。『吾妻鏡』一一九一（建久二）年三月四日条（グレゴリオ暦・太陽暦の三月三十日）では、都市化しつつあった鎌倉における、最初の大規模火災の記録を載せる。

この日は陰（曇り）の天気であったが、南側の太平洋に向けて開けた地形の鎌倉では、乾燥した「南風烈」という状況を受けて、丑の刻（二時前後）には小町小路辺りで、失火による火災が発生したのである。失火は人為的災害ではあるが、それは瞬《また》く間に延焼し、その「餘炎如飛而移于鶴岡馬塲本之塔婆（鶴岡にあった五重塔にも飛び火した）。此間幕府（大倉御所。鎌倉市雪ノ下三丁目付近）同災（被災した）。則亦若宮（鶴岡八幡宮）神殿廻廊經所等悉以化灰燼（全焼してしまった）」、すなわち、飛び火現象が発生し、太平洋からの南風に煽られて火災を街の北側へと、どんどん延焼、拡大させていった状況がうかがえる。この時の火災では、鶴岡八幡宮のほかにも北条義時の屋敷をはじめ、比企能員や佐々木盛綱の屋敷等、武家地も十字が焼亡した。源頼朝も焼け出され、同日、甘縄（鎌倉市長谷付近）にあった安達盛長宅へ入御するというありさまであったという。翌日には近国在住の御家人が鎌倉へ参集しているが、さすがに頼朝の落胆はかなりのものであったらしく、早速鶴岡へ行き、わずかに焼け残った礎石をただ拝み、涕泣《ていきゅう》（涙を流して泣くこと）したとしている。

ここでは、鎌倉に特有な地形―南側に太平洋、それを除く三方が山地地形、南側から北側に向かって、徐々に高くなっていく標高（滑川河口付近の標高は約五・五メートル、鶴岡八幡宮舞殿・下拝殿付近が約十二・〇メートル）、平安京に比して狭い都市空間等という理由から、被害が拡大していった様相が記される。鎌倉における災害という観点からは、こうした強い南寄りの風のほかにも、津波被害（一四九五〈明応四〉年八月十五日に発生した地震では、津波が鶴岡八幡宮や大仏殿にまで押し寄せた）、台風等の通過にともなう高波・高潮といった「水災害」があったものと推測される。鎌倉は軍事上には要害でありながら、自然的・人為的災害に対しては脆弱であるという欠点を持っていたのである。『理科年表　令和六年　第九七冊』―「日最大風速十m／s以上の日数の月別平年値（一九九一年から二〇二〇年までの平均値）」によるならば、横浜で三月が五・二日と一年で一番多くなっている。この地域では、新暦の三月～四月が一年で一番強風の吹きやすい時期にあたっていることになる。

この大火の原因となっていた失火元については、『吾妻鏡』をみる限りにおいては特段の責任追及は行われていない。そればかりか、「失火の穢れ観」に対する認識すら見当たらないのである。『吾妻鏡』では、この建久二年の火災のほかにも、少なからざる大規模火災の記事を載せている。そのうちの一つが、一二三一（寛喜三）年十月二十五日条に記された「及晩大風吹。戌四剋（二十時三十分～二十一時）。相州（北条時房）公文所焼亡。南風頻扇（南風が吹き止まず）。東及勝長壽院橋邊。西迄于（西邊至、邊西至）永福寺惣門之内門（焼失面積は勝長寿院～永福寺に及ぶ広大なものとなった）。（烟）炎如飛（飛び火現象が発生した）。右大將家（源頼朝）并右京兆（北条義時）法花堂同御本尊等爲灰燼《かいじん》（全焼した）。凡人畜焼死不知其員（かず）（焼死した人や家畜はとても多数に上った）。是盗人放火之由。有其聞云々（これは盗人が証拠隠滅のために放火をしたということだ）」という大規模火災であった。この火災では北条時房の公文所が焼亡したほか、やはりこの時も強い南風に煽られて飛び火現象（「餘炎」）が発生していたらしく、広い範囲に延焼して源頼朝と北条義時の法花堂や本尊までもが灰燼に帰し、焼死した人畜は多数に上ったのである。

　火事の原因が失火ではないとしていたものの、多くの死傷者が発生したことから、穢れの発生源（「火災穢」）としては十分なものであったが、そうした認識をこの記事からうかがうことはできない。この災害の拡大した要因が強い南風にあったとするならば、同様に気象災害としての性格も否めないということができる。また、同二十七日条では「式部大夫入道光西（伊賀光宗。のちに評定衆）。相模大掾業時。執申法花堂并本尊災事。縦雖爲理運（不可避な）火災。於關東尤可怖畏《ふい》（恐れること）思食（四代将軍藤原頼経が）之由。各進意見状（各人が意見状を提出した）」としており、関東（鎌倉）において最も恐れなければならない事象とは、（軍事的な事象ではなく）火災であるとしていることから、この時点に至って幕府の首脳部も鎌倉の対災害脆弱性を認識していたことになろう。とりわけ、京都育ちの頼経は、強い南風が原因で火災が発生することの少なかった平安京の状況とは、あまりにもかけはなれた都市鎌倉の防災上の弱点に驚愕したことであろう。

火災、とりわけ、失火による穢れ観の発生とは、本来、王権における考え方であったが、これらの事例からは、その思想が武家の都であった鎌倉へはまったく波及してはいなかったことが推察される。陰陽道・陰陽師の浸透とは対照的でさえある。そもそも、「延喜式　巻三　神祇三　臨時祭」には、当時の穢れ観（感）を垣間見ることのできる項目が散見される。そのなかの一つとして、「凡觸失火所者。當神事時忌七日（失火が原因の火災現場に行った人は、七日は神事に参加してはならない）」があり、これは失火場所に穢れが存在するとした考え方が示された規定である。穢れとは人や動物の出産や死、血（をイメージさせるもの）、埋葬、失火等の場面で発生し、人から人へと次々に伝染していくものと考えられたのである。対色彩感覚では「赤」色である。穢れの感覚とは、概して、死や「血」をイメージさせる場面に多かったことが推定される。失火もその怒り狂う火の手の色彩感覚（紅蓮華の炎）よりもたらされた、人事にもとづく災異であるとみなされたからであろうが、放火や落雷による火災、自然発火にともなう山火事等に対して、この考え方の適用がなかったことは不思議ではある。火災全般の様相は、まさに八寒地獄の第八にあたる大紅蓮地獄のありさまに見立てられていたものと考えられる。したがって、失火場所に触れた者は一定期間（「延喜式」によるならば七日）、忌むことを求められたのである。

ところで、一一九一（建久二）年三月六日条（火災の二日後）には、「戌剋（二十時前後）。大地震。帝尺（釈）動（帝釈天が動いた）。頗吉瑞也云々（とても吉兆なことであるということだ）」とあって、大地震の発生を記録する（『理科年表　令和六年　第九七冊』には記載がない）。しかしながら、具体的な被害の記事もなく、何よりも割書き部分には帝釈天の移動によるとしている点、続けてこれが頗る吉瑞である等としていることからは、これは実際の地震ではなかった可能性が高い（いわゆる「見做し地震」）。では、この「帝尺（釈）動」とは、大規模火災の発生と何らかの因果関係のなかにあったのであろうか。歎息の直後という、皆ががっかりし悲歎に暮れている状況下、少なくとも、当時の人々はそのように前向きにとらえていたものと考えられる。この「大地震」なる自然現象の発生は事実であった可能性もあるが、それは地震ではなく、空振、遠雷等の鳴動であったことも考慮されるのである。

帝釈天Śakra-devānām-indraとは、元来、ヒンドゥー教の神インドラであったが、のちには仏教へ取り込まれたとされる。それは仏法守護の中心的役割を果たす神であり、雷霆神《らいていしん》・武神としての神格を持った。その意味からは、この「大地震」が発雷にともなう震動であったことも考えられる。文化行動としての一種の「見做し・見立て」行為である。さらに、帝釈天は十二天の一つとして東方守護を司る存在でもあった。こうしてみてみると、その東国方面への移動は鎌倉にとっては好ましいことであったものと考えられるが、大規模火災という災異直後のことでもあり、この火災を幕府草創（翌年七月の頼朝の征夷大将軍補任）と、武家の都としてふさわしい鎌倉の街再開発に対する一つの起爆剤として『吾妻鏡』の編纂者が位置づけ、とらえ直した結果であったのかもしれない。

ちなみに、大火災の前日（三月三日）条では、鶴岡八幡宮の法会・臨時祭に出御した頼朝に供奉していた広田次郎邦房（大和守維業の子とする）なる武士が侍所へ下がった後で、「明日鎌倉大火災出來（明日、鎌倉で大火災が発生する）。若宮幕府殆不可免其難（若宮幕府もこの災難から逃れることはできない）」と傍輩に語った（翌日の大火災の発生を予知した）という記事を掲載する。彼は儒道（儒学）に通じていたとするが、それが『吾妻鏡』に記された「天眼《てんげん》（すべての事象を見通すことができる目）」につながっていたのか、否か、さらに、この逸話が事実であったのか、編纂者による脚色なのかは判然としないものの、「巽《たつみ》（南東方向）から吹く風は悪風」、「南東風烈しければ時化」、「雨の水平線に鋸雲がたてば南の風が吹いてくる」というような、当地における南風に関した経験則、慣用句を元に、彼がそのようなことを発言していたことは考えられる。それに加えて、翌日に誰かが街に放火をしようと企てていることを邦房があらかじめ知っていたとするならば、「明日鎌倉大火災出來」ということは十分に言い得たであろう。これ以上は推測の上の推測になるので差し控えるが、広田次郎邦房の発言が事実であったとするならば、それは鎌倉に特有の気象現象を利用した形での最初の人為的災害、テロリズムであったのかもしれない。

これ以降も激しい南風によるとみられる鎌倉での火災は続いたらしい。一一九二（建久三）年十月三十日（グレゴリオ暦・太陽暦の十二月六日）の亥剋（十時四十分過ぎ）には、やはり「南風烈（南風が激しく吹いた）」という状況を受けて、武者所を呼称していた御家人牧宗親の浜家（由比ヶ浜付近にあった家）が焼亡していたが、彼はたまたま外出中で、煙を見て燃えている家に走り向かい、家にあった大切な箏を取り出そうとして顔の左に生えていた鬢を焼いたという。『吾妻鏡』では、それを彼の利己主義と、唐の太宗（第二代皇帝李世民。「貞観の治」を現出した）の鬢の故事（利他主義）とを対照しているところは、この場合、鎌倉の街の風上にあった自分の家から、失火によるとみられる火災を出したのにもかかわらず、消火や、延焼を防ぐ手立ても講じることがなかった宗親による防災意識の低さや、プライオリティーに対する判断の欠如を、暗に批判しているとも受け取ることができる。彼は、元々強風のあまり吹かない平安京在住者であったがために、そうしたことには無頓着であったのかもしれない。それほどに、鎌倉では「南風頻烈」という気象条件のもと、街の南側で発生する火災が致命傷になるという防災意識が『吾妻鏡』編纂当時には高まっていたことも考えられるのである。

一二〇七（承元元）年十月八日条（グレゴリオ暦・太陽暦の十月三十日）には、「南風頻扇。終日不休止（南風が終日止むことはなかった）。入夜。若宮大路人家焼亡。猛火烈。烟炎如飛。及数町（猛火に包まれ、飛び火現象は数百メートルに及んだ）」と記され、若宮大路付近の人家で発生した火災が南風に煽られ、数町（数百メートル）にわたって燃え広がっていた。その際、南寄りの強風によって街の南側から北側へ向けて「飛び火現象」が発生していたことを記録するのである。「飛火火災警戒実施要領」（東京消防庁警防規程事務処理要綱）によれば、飛び火とは「火元から吹きあげる火炎又は熱気流に乗って、火粉が舞い上がり、これが風に流されて、地物の上に落下し、火粉が付着した建物等に着火することをいう」と定義される、延焼の原因となる現象である。当時における平屋建て木造建築の様相を考慮するならば、出火そのものよりも、その直後に襲ってくる飛び火の方がむしろ恐ろしかったものと推察される。

熱気流により上昇した火粉は、風下側に玉子状や扇状に飛散し、飛び火の最大距離は風速とともに増加する。風速十m／s以下の場合で最も飛び火の危険がある区域は、火元の建物から五十メートル～二百メートルの範囲とされているが、七百メートル以上飛び火し、着火した事例もある。特に、南側から北側へ向けて袋小路の地理的形状となっており、標高も徐々に高くなっていく鎌倉の街では、何よりも飛び火現象による火災を恐れていたはずである。それは、鎌倉で吹く南風―「南風烈」、「南風頻扇」、「南風擧塵」は、単なる暖かい強風だけではなく、街を壊滅させ得る威力を持っていたからである。

一二一〇（承元四）年二月二十九日（グレゴリオ暦・太陽暦の三月二十六日）にも「南風烈」な状況下で大きな火災が発生している。この日は朝に降雨があったことから、空気の乾燥状態は緩和されていたのであろうが、和田左衛門尉（義盛）宅（若宮大路の西側で三の鳥居南付近とされる）以南の地域は焼亡したとある。なぜそこで火災が食い止められていたのかは判然としないが、鎌倉が武家の街であったことから、力尽くで義盛宅の南側にあった家屋を強制的に破壊するなどして、延焼拡大阻止のために即席で防火帯（延焼遮断帯）をつくっていた（破壊消防）ことも考えられる。結果として、あと少しのところで鶴岡への延焼はまぬかれた格好であった。「片時（短い時間で）人屋數十宇災（人家が十軒あまり焼失した）」と記されていることから、若宮大路の西側の地域は短時間のうちに大きな焼損被害を被ったのであろう。

これらとは対照的に、北風による脅威もまた、鎌倉の街では深刻であった。一二一〇（承元四）年十一月二十日条（グレゴリオ暦・太陽暦の十二月七日）には、「戌尅（二十時前後）焼亡。北風甚利（はやし。速）。相摸太郎殿（北条泰時）小町御亭幷近隣御家人宅等災（焼失した）。其後不及他所（その後、延焼することはなかった）」とあって、北条泰時や近接していた御家人の住居が焼失したとしている。泰時邸は三の鳥居のすぐ南側で若宮大路を挟んだ東側にあったとされ、この時、延焼が拡大していたならば、大路を挟んで泰時邸の南側に展開していた地域の焼失はまぬかれなかったであろう。「不及他所」の理由に関しては記述がないものの、破壊消防を含めて、何らかの人為的な消火活動があった可能性を排除することはできない。新暦の十二月初旬という時期に着目をするならば、西高東低型の強い冬型の気圧配置のもと、街の北側にあった山地から吹き下ろす、乾燥した強い北風の脅威もまた、火災・延焼という観点からは脅威であったものとみられるのである。

おわりに

本稿では『吾妻鏡』の時代における気候変動が、いかなる形で人々の上に降りかかっていたのか、それらに対してどのような認識を持っていたのか、さらには、この時期における人々の生活文化の一端をも垣間見てきた。古来、日本では、天気や気象現象とは、「天（帝）」が地上に住む人々に対して示す、日々の何らかの意向であると認識をされていたのであった。「天気」の語が、気象の状態を表わす意味のほかに、天皇の意向の語義として運用されていた背景には、地上側における最高の支配者である天皇の気持ちが、天帝の意向を地上世界において代弁しているとした考え方のあったことを示唆している。そのため、「天色《てんしょく》（天気）」の動向を丹念に記録としてとっていたのである。

地震・津波災害を除き、武士の都であった鎌倉では、たいした自然災害は経験しなかったのではないかとみる向きもあるかもしれない。しかし、実際には、太平洋に向け南方向に開けた地形であった鎌倉では、南風や、その時に発生する失火・放火、そして、飛び火現象・延焼による脅威には常にさらされていたことが判明した。また、意外にも鎌倉と雪との関係性がことのほか深いことが顕在化したのであった。ただし、この時期にも鎌倉は豪雪地ではなかったことから、それは幽玄の美を観賞する対象としてであったのである。

同じ自然現象（災害）に対する対応にも、都と鎌倉とではその基本的姿勢や思想が異なっていたということがいえる。その根底には武家ならではの潔さや高潔さ、陰徳（他人にみせることのない善行）観があったものと考える。執権北条時頼期の評定衆青砥藤綱《あおとふじつな》のような質素で清廉潔白、公正な武家の態度の萌芽が、すでに文治期にはみられたのである。

「『吾妻鏡』の時代」、本稿でみてきた気候変動に関しては、それに対する姿勢や対処法、また、被災者支援という観点より論じるならば、平安京にあった王権が依然として全国政権であり続け、『吾妻鏡』にみられた鎌倉政権（幕府）とは、強力な一地域勢力にすぎなかったものと考える。数々の自然的な現象に対する視点には、従来の王権を越えるような新たな取り組みはまったく見出すことができず、それらへの対処法においても、都より下向してきた安倍氏など、陰陽師たちの強い影響下にあったことが特徴的であった。つまり、鎌倉で行われていた対自然現象（災異）対応とは、今まで平安京で実施されてきた経験の再現であり、それに対する批判も出なかったこと自体を特徴とする必要があるのかもしれない。

酒入陽子

「吾妻鏡」を求めた戦国武将たち

家康によって刊行された「吾妻鏡」

一六〇五（慶長十）年三月、徳川家康は木活字版「吾妻鏡」を刊行した。一五九九（慶長四）年から一六〇六（慶長十一）年にかけ、家康は閑室元佶《かんしつげんきつ》（足利学校九代庠主《しょうしゅ》）に木活字十万個を与え、また五《い》十川《そかわ》了庵にも命じて、複数の書籍を伏見で開版させた。世にいう〝伏見版〟である。家康は約十年後の一六一五（元和元）年にも、隠居所の駿河で、今度は銅活字を用いた書籍の刊行を金地院崇伝、林道春（羅山）に命じ、この時刊行された書籍は〝駿河版〟という。文禄・慶長・元和・寛永頃までのおよそ五十年間は、活字版印刷が隆盛を極め、後陽成天皇による慶長勅版や後水尾天皇の元和勅版など、優美な書籍やそのほかにも多くの書籍が出版された時期である。寛永期以降は徐々に木版製版が主流となり、家康によって開版された伏見版「吾妻鏡」も、その後は木版による製版印刷で刊行を重ねていくことになるが、江戸時代を通じて伏見版「吾妻鏡」は、幕府によるお墨付きを得た正統な吾妻鏡と位置づけられて、広く流布することになった。

伏見版の書籍は、「吾妻鏡」のほかに「孔子家語《こうしけご》」「三略」「六韜《りくとう》」「貞観政要」「周易」「武経七書」(七部からなる兵法書で「三略」「六韜」の二書もこのなかに含まれる)があり、駿河版には、「大蔵一覧」「群書治要」がある。政道書(「貞観政要」「群書治要」)や、兵法書(「武経七書」)など、治世に有益とされた書籍が刊行されたと考えられる。このようななか、唯一の和書として選ばれたのが「吾妻鏡」であり、その跋文において西笑承兌《さいしょうしょうたい》は、吾妻鏡と家康の関わりを次のように述べる(読み下し。以下、史料については適宜ルビを付ける)。

大将軍源家康公、治世の暇《いとま》にこの書を翫弄《がんろう》し、善を見るに斉《ひと》しからず、不善を見るに内に自省する也、

家康は治世の合間に「吾妻鏡」を好んで読み、そこから善、不善をみて自らを省み、善政を行おうとしたというのである。初の武家政権である鎌倉幕府の歴史書「吾妻鏡」を、政治を行う上での手本にした、ということであろう。

伏見版「吾妻鏡」の底本―北条本「吾妻鏡」―

家康によって刊行された伏見版「吾妻鏡」であるが、この刊本のもとになった底本は、現在、国立公文書館内閣文庫が所蔵し、重要文化財にも指定されている北条本「吾妻鏡」（写本、五十一冊）である。内閣文庫は、幕府の文蔵《ふみくら》だった紅葉山文庫から多くの蔵書を引き継いでおり、この写本もそのなかの一つである。〝北条本〟とされるその謂れは、この「吾妻鏡」が、もとは小田原北条氏の所持品だったことによるという。

十九世紀初頭の文政期、幕府は、大学頭の林述斎を中心として幕府蔵書の管理体制の強化をはかるが、その一環として、紅葉山文庫の蔵書点検、目録作成・改訂事業が行われ、また同時に蔵書中の貴重書に対する保管管理体制の整備も進められた。当時、書物奉行をつとめていた近藤守重（重蔵）は、目録改訂の実務を担いながら、紅葉山文庫の貴重書の解題や来歴を考証して『右文故事《ゆうぶんこじ》』にまとめている。そのなかで、この「吾妻鏡」については次のように記している（『右文故事』「御本日記続録」）。

駿河御文庫本　東鑑　北条本　五十一冊
此本《この》ハモト北条家ノモノナリ、天正十八年黒田孝高、是《これ》ヲ得タリシヲ、慶長九年、孝高カ遺物トシテ長政ヨリ進献ス、

近藤は、「此の本（東鑑＝吾妻鏡）は、もと北条家のもので、一五九〇（天正十八）年、黒田孝高（如

水）が手に入れ、それを一六〇四（慶長九）年に息子の長政が孝高の遺品として幕府へ献上したというのである。冒頭に書かれている駿河御文庫本とは、家康の隠居所駿河での家康旧蔵書のことで、これらの蔵書は、将軍家ならびに尾張家・紀伊家・水戸家に分与されることになるが、そのうち将軍秀忠に譲られたものが紅葉山文庫の蔵書となるのである。

「吾妻鏡」が北条家から黒田家へ贈られた経緯については、黒田家編纂の「黒田家譜」に詳しい。「黒田家譜」は、福岡藩三代藩主黒田光之が貝原益軒に命じて一六七一（寛文十一）年に編纂が開始され、一六八八（元禄元）年に完成した黒田家の正史である。該当部分を現代語訳にしたものを見てみよう（傍線は筆者）。

天正十八年　孝高四十五歳　長政二十三歳

……黒田孝高から北条へあつかいを入れ、和議を調えたので、北条氏直は死を赦免され、士卒まで命が助かった。その報恩のしるしとして、北条の家に秘蔵されていた源頼朝以後の鎌倉将軍数代の記録である東鑑という書と、日光一文字という刀と、北条の白貝という名誉の法螺貝とが孝高に贈られた。この東鑑は、長政の時に徳川秀忠公へ献ぜられた。今、世間に流布している東鑑は、これから出たという。その時まではこの書は北条家だけにあり、秘蔵されていたので、世上に類本はない。日光一文字の刀と白貝は、今も黒田家に伝わっている。

一五九〇（天正十八）年の豊臣秀吉による小田原攻めの際、北条家との和議が成立したのは、孝高の仲介によるものであるとし、謝礼に北条家から、吾妻鏡・日光一文字（刀）・白貝（名誉の法螺貝）の三品が孝高へ贈られ、そのなかの吾妻鏡は、長政の代になって将軍秀忠に献上されたという。また、傍線部分によれば、今、世間に流布している吾妻鏡は、黒田家が献上したものから世間に広まったのだという。その時までは北条家のみが秘蔵していて、ほかに類本はなかったので、黒田家が献上した「吾妻鏡」が、その後の幕府による伏見版「吾妻鏡」刊行に大いに貢献した、と言いたいのであろう。日光一文字と白貝は、今も黒田家に伝わるとするが、実際この二つの品は黒田家の家宝として代々受け継がれ、一九七八（昭和五十三）年、黒田家から福岡市へ寄贈されるまで黒田家の所蔵であった。現在は、福岡市博物館と同美術館で保管・管理され、展覧会等で我々も実物を目にすることができる。ちなみに、〝日光一文字〟は、もと日光権現に奉納されていた太刀を、北条早雲が譲り受けて北条氏が所持していたという由緒をもち、鎌倉期の制作で、現在は国宝に指定されている名刀である。白貝については、文化財指定こそ受けていないが「名誉の法螺貝」とあるくらいであるから、当時から評判の法螺貝だったのであろう。

北条本「吾妻鏡」への疑問

―紅葉山文庫の「吾妻鏡」は、北条家旧蔵の「吾妻鏡」と同じものか―

こうした「黒田家譜」の関連記事等を受けて、近藤は、先の『右文故事』において、「駿河御文庫本

東鑑　北条本　五十一冊」を、

……此《この》古写本、コレヲ北条本東鑑ト云フ、今ニ至テ御庫ニ現存ス、実ニ禎祥《ていしょう》ノ典籍ニシテ、武家ノ殷鑒《いんかん》ト為《な》スヘキナリ

とする。つまり、御庫（＝紅葉山文庫）に現存する古写本は、北条家旧蔵の「吾妻鏡」（北条本「吾妻鏡」）だとし、実にめでたい（禎祥）典籍で、武家の戒めとするべき前例（殷鑒）となすべきものという。「吾妻鏡」は、武家政権にとって参照すべき重要な書物と位置づけられるのである。

近藤の考証の結果から導き出された

☆　紅葉山文庫にある北条本「吾妻鏡」　＝　北条家旧蔵の「吾妻鏡」
（紅葉山文庫本〈現内閣文庫本〉）　（黒田家献上本）

という理解は、その後、明治以降に刊行された史料集にも引き継がれていくが、実はこの説はまったくの間違いなのである。そもそも、黒田家の献上が慶長九年三月で、慶長十年三月の出版には間に合わない。現在、最もポピュラーかつ最も信頼のおけるテキストとして一般に利用されている、新訂増補国史大系シリーズ『吾妻鏡』（吉川弘文館、初版一九三二年）の凡例においても、

一、底本とせる北条本はもと小田原北条氏より黒田如水に贈り、如水更に徳川家康に呈せしものに

かゝる、故にまた一に駿河本と称す、巻首一巻を併せてすべて五十一冊、（後略）

と記し、近藤と同じく、北条本（黒田家献上本）＝駿河本（紅葉山文庫本）＝五十一冊とする。結果、現在に至るまで、黒田家献上本「吾妻鏡」と紅葉山文庫本「吾妻鏡」が同じものであるという考えが定着し、いまだにそのように信じている人も多い。

さらにこの説が問題なのは、北条家に秘蔵されていた「吾妻鏡」（写本、五十一冊）こそが、「吾妻鏡」成立当初の姿（＝原本）に最も近く、最もよく残存している「吾妻鏡」だ、という誤解を与えてしまっていることである。そもそも、「吾妻鏡」は、室町時代にはすでに完全な形では伝わっておらず、現在残っている「吾妻鏡」は寄せ集め本なのであり、近世以前に完本に近い形で揃って伝わった写本は皆無だったという事実は、すでに益田宗氏によって明らかにされているにもかかわらずである。益田氏執筆の『国史大辞典』第一巻（吉川弘文館、初版一九七九年）の吾妻鏡の項目は、この点を明解に説明しているので、少し長くなるが引用する（傍線は筆者）。

〔伝本とテキスト〕

伝本について注意しなければならないことは、近世以前に完本に近い形で揃って伝わった写本は皆無であったという事情である。二十余年にわたって不足分を求めた吉川本の功労者右田弘詮の跋文、島津本・毛利本・北条本などの足入れや補写の実態が、不足の巻冊を揃えようとする人々の努力を示している。しかも、本書には、これらの諸本以前に、何人かによって省略された本が作られ、さらにこれを一部簡略にした本が成立するという、伝来系統も辿ることができる。したがって、人々の努力は、こういった性格の本が巻冊によって入り交じるという結果をもたらしてしまった。徳川家康も本書を愛読し、伝本の蒐集に努めた人である。その所持本と新たに黒田長政から贈られた北条氏直旧蔵本とを合わせ、今日いうところの北条本五十一冊を作り古活字版にして出版させた。江戸時代の版本のもとである。明治以降も、『続国史大系』はこの北条本を底本にとっているし、『(新訂増補)国史大系』でも同様である。明治の末年に吉川本が紹介され、ついで島津本も紹介された。これらは『(新訂増補)国史大系』の校定に用いられているから、今日、この版を使うことによって、本書をほぼ原本文に近い形で読むことができる。ただし、底本の北条本が、いわゆる再省略本を多く含んでいるため、この本に加えられた補筆や改訂が本文化し、またこれを訝る校定者が本文に意改を加えたため、細部については問題が残る。『吾妻鏡』の体裁や編成、暦日干支などについては、この点を充分注意する必要がある。(後略)

新訂増補国史大系『吾妻鏡』は、北条本を底本とし、吉川本(毛利家一族である吉川家に伝来した「吾妻鏡」)、島津本(島津家に伝来した「吾妻鏡」)、毛利本(毛利家に伝来した「吾妻鏡」)等、さまざまな「吾妻鏡」を使い校定しており、現在では最も信頼のおけるテキストではある。しかし、そもそもこれら諸本も当時の人々が収集に努めた結果出来上がった寄せ集めの「吾妻鏡」なのであり、原本そのものの一部であると見誤ってはならないのである。
さらに近年、「吾妻鏡」の写本の悉皆的原本調査・諸本研究を行った高橋秀樹氏らの研究グループによって、紅葉山文庫旧蔵の「吾妻鏡」には複数の料紙が使用され、書写にも段階差があること等、多くの事実が明らかになった。その結果、紅葉山文庫旧蔵の「吾妻鏡」は、黒田家献上本そのものではなく、家康がすでに収集していた「吾妻鏡」に黒田家献上本を合わせて校定し、五十一冊に編集した、家康編集本とでもいうものであることが明らかになったのである。北条家旧蔵の「吾妻鏡」(黒田家献上本)と紅葉山文庫本の「吾妻鏡」(北条本「吾妻鏡」)は別物なのである。

北条家から黒田家へ贈られた品々—吾妻鏡・日光一文字・北条の白貝—

では次に、北条との和議の際に、吾妻鏡とともに黒田家へ贈られたとされる日光一文字の太刀についてみていきたい。次に挙げる古文書は、黒田家に伝来する「黒田家文書」のなかの一点である(以下、読み下し)。

北条氏照の備えを崩し、軍功を抽《ぬ》きんずるの働き、神妙の至りに候。これに依り、一文字の太刀、これを送り候。猶《なお》追って恩録を加えるべきのものなり。

(天正十八年)三月十一日　(秀吉朱印)

北条氏照は、北条家当主氏政の弟で、小田原開城後に氏政と共に自害させられた北条方の中心人物である。文書の差出は秀吉で、ここでは日光一文字が秀吉から孝高へ軍功の賞として与えられたとある。実はこの文書は黒田家でつくられた偽文書なのである。黒田家では、孝高の戦功を際立たせるために文書を偽造したのだろう。

黒田家にはこのほかにも、和議の際に受け取った三品を〝吾妻鏡〟〝日光一文字〟と〝北条の白貝〟ではなく〝青山《せいざん》〟という琵琶の写しだったとする記録もある。青山は、「平家物語」や「源平盛衰記」にも登場する唐船来の稀代の名器で、琵琶の名手だった平経正が仁和寺守覚法親王から下賜されていたが、源氏に追われ都を去る際に仁和寺を訪れ返却したという（『平家物語』経正都落・青山之沙汰）。黒田家では、経正がこの琵琶を模した写しをつくっていて、それが北条早雲に伝わり、さらに北条氏直から孝高へ譲られたと伝えられる。ちなみに青山の写しとされる琵琶（銘、郭公《ほととぎす》）は、黒田家に伝来しており、現在はほかの黒田家家宝とともに福岡市美術館に存在する。

このように北条から贈られた〝モノ〟に対しては、黒田家のなかでも複数の由緒が存在し、その来歴はかなりあやしいのである。さらに、それらの〝モノ〟が、江戸時代にはすべて北条家ゆかりの名品として扱われ、孝高、ひいては黒田家の由緒を語る重要な証拠となっている。黒田家では、日光一文字・青山などの〝モノ〟に合わせて、自家に都合のよい由緒を創り出していた可能性がある。とするならば、和議における孝高の記事も、少し疑ってみる必要があるのではないだろうか。

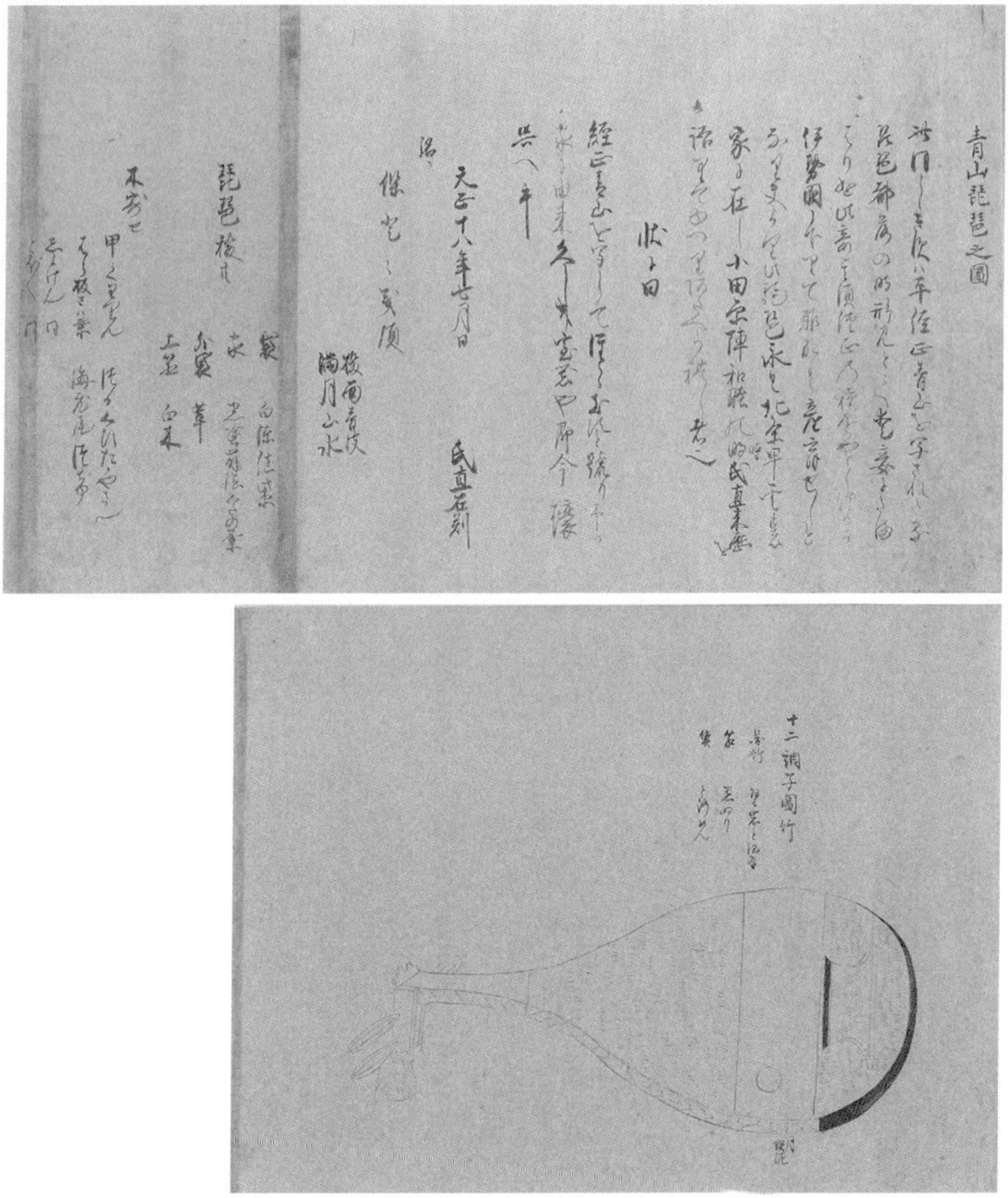

「青山琵琶之図」（部分）（東京国立博物館蔵）
青山の写し（銘、ほととぎす）を、平経正がつくり、それが北条早雲の家に伝わり、さらに北条家から黒田家へ譲られたと書かれているが、後世の創作と考えられる。北条氏直が如水へこの琵琶を譲ると書かれた氏直の判物（偽文書）まで載せている。この史料自体は1826（文政９）年に写されたものであることが、史料末尾に記されている。

北条家旧蔵「吾妻鏡」への疑問

「吾妻鏡」が黒田家へもたらされた経緯について、先に挙げた『右文故事』のなかで近藤守重は、

其《その》北条本ノ黒田家ニ伝ヘシコト諸説一ナラス、姑《しばら》ク臚《ろ》列《れつ》シテ考ニ備フ

とし、諸説あってはっきりしないので、諸説を列挙して参考に備えるとしている。さらに、

按《あんずる》ニ、小田原ノ役ニ東鑑ヲ我軍ニ捕シコト、其《その》頃ノ諸軍記ニ見エス、是《これ》黒田カ家事ナルカ故《ゆえ》ナルヘシ

つまり、小田原陣で吾妻鏡を我が軍（＝徳川軍）が手に入れたことは、当時の諸軍記にみえない、という重要な指摘をしている。近藤はその理由を、これは黒田家の家のこと（で将軍家に関係がないこと）だからであろう、とするが、和議の際に北条家から黒田家へ「吾妻鏡」が譲られたことは、実は明らかではない。これが明記されるようになるのは、十七世紀後半になってからであり、「黒田家譜」が、その始まりのようなのである。

近藤も述べるように、孝高の「吾妻鏡」入手の経緯は、直接将軍家に関わることではないため記載されなかった可能性も否定できないが、黒田家が入手したこのほかの〝モノ〟について、黒田家のなかに

も諸説あることを考え合わせると、「吾妻鏡」も、北条家由来かどうか疑わしい。仮に北条家に由来するものであったとしても、それを孝高が和議の際に譲り受けたかどうかは疑問と言わざるを得ない。完全に否定はできないが、積極的に肯定する理由もないのである。

「黒田家譜」の編纂が開始された寛文期（一六六一～七三年）は、四代将軍家綱の治世下で社会が安定し、戦国時代の記憶が人々の間で薄れていった時期である。そのようななかで、戦国時代の戦功や働きなどの「記憶」が「記録」され、日本各地で由緒が固まった時期でもあった。また、黒田家においては黒田騒動を起こした二代藩主忠之の時代が終わり、三代藩主光之のもとで藩の安定をはかった時期にあたり、将軍家への忠節やこれまでの戦功を強調し、家譜をまとめていくなかで、小田原陣での孝高の活躍も大きく取り上げられることになったと考えられよう。

幕府の編纂史料にみえる黒田家献上の「吾妻鏡」

一方、幕府が編纂した史料には、この話はどのように記されているのだろうか。長政の「吾妻鏡」献上から約四十年後の一六四三（寛永二十）年に完成した「寛永諸家系図伝」には関連する記述はみえない。それからさらに約百七十年後の一八一二（文化九）年完成の「寛政重修諸家系譜」では、孝高の事績を記す部分には記事はなく、長政の事績のなかに、

（慶長）九年三月、父が遺物備前国長光の刀、木丸の茶入を献じ、台徳院殿（徳川秀忠）に吾妻鏡　部を奉る

として「吾妻鏡一部」を献上した記事がみえるが、しかし、ここでも北条家との関係は記されていない。

北条家から黒田家へ「吾妻鏡」が贈られたことを明記する幕府の編纂物は、一八〇九（文化六）年に編纂が始まり一八四九（嘉永二）年に献上された『徳川実紀』（「東照宮御実紀」）慶長九年三月の、次の記事である（傍線は筆者）。

> (a)是月《このつき》黒田筑前守長政、父如水入道遺物とて備前長光の刀幷《ならび》に茶入木の丸を献じ、右大将殿に東鑑一部をささぐ。(b)こは小田原の北条左京大夫氏政、豊臣との講和の事はからふとて、如水かの城中へまかりし時氏政の贈りし所にて、(c)今御文庫に現存せり。

よく見ると、傍線（a）の部分は「寛政重修諸家系譜」、傍線（c）の部分は『右文故事』と同じ内容である。そしてその間に挟まれた（b）の部分が、「黒田家譜」からの引用になり、北条方の人物を氏直から実質的に家中を主導していた氏政へ変更（訂正）されてはいるものの、講和時に如水（孝高）が入手したと明記されている。

前述のように、近藤の『右文故事』は、十九世紀初頭の幕府の蔵書管理体制強化のなかで執筆されたものである。近藤が書物奉行をつとめていたこの時期、幕府は林述斎を中心に紅葉山文庫蔵書の目録改正・改訂事業を展開し、蔵書管理体制を強化するが、その実務を担ったのは成島仙蔵《せんぞう》（近藤守重の前任の書物奉行）とその息子の司直《もとなお》、そして書物奉行を引き継いだ近藤守重だった。この目録改正・改訂事業は、同時に、歴代将軍の「御前本《ごぜんほん》」を蔵書の頂点に位置づけ、ほかと差別化・序列化して、重要と判断された貴重書の保管・管理体制を整備する動きと連動するものでもあり、近藤の『右文故事』（貴重書の解題）も、この一連の流れのなかで執筆されたものだったのである。

この事業の一端を担っていた成島司直は、一八〇九（文化六）年、『徳川実紀』編纂を命じられ編纂事業に専念する。成島家は以後三代にわたり編纂実務を担当するが、この『徳川実紀』の編纂事業もまた林述斎の建言により開始されたもので、一八一二（文化九）年に完成をみた「寛政重修諸家系譜」の編纂も林述斎が関わっている。

これらをあわせて考えるに、『右文故事』はもとより、徳川将軍の事績をまとめた『徳川実紀』や、将軍に仕える大名・家臣の系譜を明確にした「寛政重修諸家系譜」などの諸事業も、みな林述斎を中心としてこの時期に展開した将軍蔵書の整理や管理体制強化の事業と連動するものであり、これらは、将軍の事績を正史としてまとめ、将軍家と大名・家臣との関係を確定することを通して、将軍権威を文事《ぶんじ》の上でも高めていこうとする動きとしてとらえることができよう。

こうしたなかで、十九世紀になって、「黒田家譜」の記事が幕府の正史である『徳川実紀』に正式に採用され、黒田家が献上した北条家旧蔵の「吾妻鏡」が、家康によって伏見版「吾妻鏡」として刊行されることになった、という家康と黒田家を結びつける有力な由緒が固まったのである。

十六世紀初め頃の「吾妻鏡」

次の文章は、『徳川実紀』（「東照宮御実紀附録」二十二）に載せられた、家康の文事に関わる記事である。

人倫の道明かならざるより、をのづから世も乱れ国も治らずして騒乱やむ《（止）》時なし。この道理をさと《（悟）》ししらんとならば、書籍より外にはなし。書籍を刊行して世に伝へんは仁政の第一なりと仰《おおせ》有て、これより諸書刊行の事を御沙汰有しなり。

『徳川実紀』は、十九世紀に、将軍権威を文事においても確定する意図をもって編纂されたものであることは先述したが、ここに描かれた家康像は、人倫の道を書籍から学ぶべきという学問重視の姿勢を示している。そしてその家康像は、戦国という〝武〟の時代にあっても〝文〟（学問）を重視した家康だからこそ、戦乱の世を終わらせ天下統一を成し遂げることができたのだという家康顕彰譚へとつながっていく。さらに、その家康が愛読し、刊行するにふさわしいとして選んだのが「吾妻鏡」ということになる。

しかし、「吾妻鏡」は家康だけが愛読していたわけではない。「吾妻鏡」への人々の関心は室町前期には早くも薄れ、一部を抜き出した抄出本やわずかな巻でしか存在しなくなっていたが、十六世紀初め頃から多くの人々が関心を寄せ、各地で収集・書写がなされた結果、吉川本・島津本・毛利本・そして北条本のような、一定のまとまりをもった写本（寄せ集め本）がつくられていったのである。

たとえば、周防・長門の国を中心に栄えた大内氏の重臣である右田弘詮が収集・書写し、のちに吉川家に伝来した「吾妻鏡」(吉川本)には、弘詮による次のような識語がある(読み下し)。

この関東記録〈吾妻鏡と号す〉は、文武諸道の亀鑑《きかん》たるの由、年来耳に触るといえども、世流布の類《たぐい》にあらざるにより、一見を遂ぐることあたわず。すでに宿望を達し難きのところ、去る文亀の初め、不慮に便宜の写本を得る。

吾妻鏡という関東記録は、文武諸道の手本となるべきもの(亀鑑)であると聞き及んではいたけれど、世間に流布している類のものではないので目することも読むこともできないだろうと諦めかけていたところ、文亀(一五〇一~〇四年)の初めに思いがけずに写本を手に入れることができた、という。識語ではこれに続けて収集の経緯が記され、まず入手した写本(四十二帖《じょう》)を書写したが、さらに二十余年分の不足があることがわかり、そこからさらに約二十年をかけて、洛陽・畿内・東国・北国まで手を尽くし探索、収集し、先に入手した四十二帖とあわせて四十八帖として一筆で書写したのがこの写本(吉川本)であると記す。収集に対する弘詮の強い思いを知ることができよう。そして弘詮は、この識語を次のような文で締め括っている。

かくのごとく、執着につき、苦労遠慮なお深甚なり。向後《きょうこう》たとい望む人ありといえども、かつて披《ひ》見《けん》を赦《ゆる》すべからず。暫時《ざんじ》たりといえども室内を出すべからず。いわんや他借書写においてをや。（中略）自身読み申すにおいては、十二時中といえども、もっともこいねがう所なり。よって記し置くの意旨くだんのごとし。

このように吾妻鏡に執着し、並大抵ではない苦労と努力の末にこの写本をまとめることができたのであり、これから先、もしこれを見たいと望む人がいたとしても決して見せてはならない、わずかな時間であっても家のなかから出してはいけない、ましてや他人へ貸して書写させることなど決してあってはならない。しかし、自身がこれを読むことについては、四六時中いつでも読むことを強く切望する、という。この識語から読み取れるのは、当時「吾妻鏡」は入手困難な稀少本であり、文武諸道の亀鑑として知られていたことである。識語の日付が一五二二（大永二）年九月五日なので、弘詮が収集を始めたのは、その約二十年前の十六世紀初め頃ということになろう。

このほかの「吾妻鏡」の写本についても、島津本は十六世紀前半頃に成立し、毛利本は一六二〇（元和六）年以降に毛利家が入手したと考えられており、また北条本については、その中核となる部分は、家康が手に入れる前の文亀から一五四六（天文十五）年前後の成立と推定されている。いずれも十六世紀には、諸国の武将たちがこぞって「吾妻鏡」を求めたのであり、家康もこれら武将と同じく「吾妻鏡」を求めたということになるだろう。

戦国武将が求めた「吾妻鏡」

十六世紀、「吾妻鏡」は多くの武将によって収集・書写された。そうであるならば、家康が「吾妻鏡」を収集したことに注目するのではなく、なぜ、この時期に「吾妻鏡」への関心が高まり、多くの武将たちが「吾妻鏡」を探し求めたのかを考えることが必要だろう。

前川祐一郎氏は、この点について、①応仁・文明の乱以降の戦乱の世の中で、多くの記録や典籍が失われると同時に秘蔵されていた書物が世に出ることになり、記録・典籍に対する人々の関心が高まったこと、②応仁・文明の乱に象徴される政道の混乱により、再び、前代鎌倉幕府史からも政道の素材を求めようとする傾向が生まれたこと、③当時の地方武士の間に学芸一般への関心が高まっていたこと、の三点をその理由として挙げている。いずれの理由も首肯できるものだが、さらに、弘詮の識語にあった〝文武諸道の亀鑑〟という言葉に注目してみたい。「吾妻鏡」は文武諸道の亀鑑（手本、模範）として知られており、当時の武将たちは、それを求めたということである。つまり「吾妻鏡」を武家の手本、模範としようとしていたのである。

識語では、文武諸道とあるが、〝文〟と〝武〟の両道を備える文武両道を武士の理想、規範とする考え方は、鎌倉時代後期に始まったと考えられる。民衆を治める支配者意識や為政者としてふさわしい文化的教養を身につける必要などから〝文道〟が尊重され、それと同時に〝武芸〟は武士たる者が行うべき道徳規範を含めた〝武道〟へと高められていく。「吾妻鏡」のなかには、武家政権の創設史のなかに、文武両道を政治の中心に据えて政道を行う武士の姿を見出すことができる。こうして、「吾妻鏡」は武家にとって、また為政者たらんとする者にとって、欠かすことのできない書籍として認識され、多くの武将が求め、収集していくことになったのだろう。
さらに、一六〇五（慶長十）年の家康による伏見版「吾妻鏡」の刊行により、これまで秘蔵されていた「吾妻鏡」が広く人々の間に広まっていき、同時に幕府承認の武家のあるべき姿が示されていくことにもなったのである。

参考文献

『右文故事』（『近藤正斎全集』二巻、第一書房、一九七六年
『新訂黒田家譜』第一巻文献出版、一九八三年
高橋秀樹（研究代表）『島津家本吾妻鏡の基礎的研究』東京大学史料編纂所、二〇一八年
高橋秀樹「『吾妻鏡』について実証的に考える」『軍記と語り物』五九、二〇二三年
前川祐一郎「室町時代における『吾妻鏡』」『明月記研究』五、二〇〇〇年
益田宗「吾妻鏡の伝来について」『論集　中世の窓』吉川弘文館、一九七七年
谷本晃久『近藤重蔵と近藤富蔵《日本史リブレット人》58』山川出版社、二〇一四年
河合正治『中世武家社会の研究』吉川弘文館、一九七三年

下山忍

『吾妻鏡』にみる運慶

はじめに

運慶は平安時代末期から鎌倉初期に活躍した最も著名な仏師である。奈良仏師の康慶《こうけい》の子として生まれ、その跡を継いで慶派仏師を率いた。浄楽寺阿弥陀三尊像（神奈川県横須賀市）の銘文に「興福寺相応院勾当《こうとう》」と記されており、興福寺と深い関係を有していた。安元二（一一七六）年に造立した円城寺大日如来像（奈良県奈良市）が、現在確認される最初の作例である。寿永二（一一八三）年に自ら発願《ほつがん》して法華経の書写（運慶願経《うんけいがんきょう》）を行っていることからは、その信仰心を垣間見ることができる。

文治二（一一八六）年に北条時政の依頼により、願成就院阿弥陀如来・不動三尊・毘沙門天像（静岡県伊豆の国市）の造立を皮切りに、東国武士の依頼に応じるようになった。文治五（一一八九）年には和田義盛の依頼により、浄楽寺阿弥陀三尊・不動明王・毘沙門天像（神奈川県横須賀市）を造立している。

これは東国武士ではないが、源頼朝ともゆかりのある瀧山寺《たきさんじ》聖観音・梵天《ぼんてん》・帝釈天《たいしゃくてん》像（愛知県岡崎市）の造立を建仁元（一二〇一）年に始めている。これら諸像を運慶が東国に下向して制作したという下向説と、畿内にとどまったまま注文を受けたとする非下向説がある。

また、慶派一門を率いて南都復興事業にも関わった。現存してはいないが、建久年間（一一九〇～九九年）に東大寺大仏殿の脇侍虚空蔵菩薩《こくうぞうぼさつ》像や四天王のうち持国天像を造立した。建仁三（一二〇三）年には、同じく快慶・定覚《じょうかく》・湛慶《たんけい》とともに東大寺南大門金剛力士像を造立している。建久六（一一九五）年には法眼となり、さらにこの後の東大寺総供養に際し法印に栄進した。ちなみに法印は僧の階層を示す僧綱《そうごう》の最高位である。興福寺（奈良県奈良市）に関しては建暦二（一二一二）年に北円堂弥勒如来・無著《むちゃく》・世親《せしん》像を造立し、そのほかには京都の東寺の再興造仏にも関わっていることも知られている。

このように公武の依頼と支援のもとに多くの造仏の機会を得た運慶は、卓越した技量と非凡な企画力・統率力によって、鎌倉という新しい時代にふさわしい力強い作風を創り出したとされている。こうした業績をふまえ、運慶の名は高等学校の地理歴史科教科書はもとより、中学校の社会科教科書にも登場している。

さらに近年、光得寺《こうとくじ》大日如来像・真如苑《しんにょえん》大日如来像・称名寺光明院大威徳明王《だいいとくみょうおう》像など従来知られていなかった運慶作品の「発見」があり、興福寺西金堂仏頭（釈迦如来）も運慶作例という視点からの見直しが進むなど、運慶研究は著しく進展している。それをふまえて、特別展の開催や図書の出版もさかんに行われるなど、一つのブームともいえる盛り上がりをみせている。本稿では、そうした運慶について、改めて『吾妻鏡』の記述からみえるものをまとめてみたい。

「運慶」と「雲慶」

さて『吾妻鏡』には、「運慶」のほかに「雲慶」という表記で登場している。「運慶」が承久元(一二一九)年十二月二十七日条の一カ所、「雲慶」が文治五(一一八九)年九月十七日条・建保四(一二一六)年正月十七日条・建保六(一二一八)年十二月二日条・貞応二(一二二三)年八月二十七日条の四カ所にみえる。

「運慶」とみえる承久元(一二一九)年十二月二十七日条は、北条政子が亡き源実朝の追善のために勝長寿院の傍らに五仏堂を建立し、運慶作の五大明王像を安置したという記事である。ここでは運慶を「運慶法印」と記している。この法印というのは、先にも触れたが、僧侶の位階の最上位で、僧官の僧正に対応する。僧侶は法橋《ほっきょう》、法眼《ほうげん》、法印《ほういん》と昇進する。この時期、仏師もその功によって僧侶と同様に僧位を受けていたのである。『東大寺続要録』によれば、運慶は東大寺総供養の功によって建仁三(一二〇三)年に法印に叙任されていることが知られるので、この『吾妻鏡』の記事と時間的な矛盾はない。

それでは「雲慶」の方はどうであろうか。『吾妻鏡』にみえる「雲慶」の記事を時系列的に示すと次のようになる。

○文治五(一一八九)年九月十七日条:奥州合戦で厨川《くりやがわ》に在陣する源頼朝に対して、中尊寺や毛越寺の寺僧たちが平泉内の寺社の保護を求めたが、その時に提出した注文のなかに、かつて「雲慶」が毛越寺の金堂円隆寺の本尊である丈六《じょうろく》薬師如来・十二神将像を造立したという記事。
○建保四（一二一六）年正月十七日条：源実朝の持仏堂の本尊として「雲慶」が造立した釈迦如来像が京都より移されて安置したので、その開眼供養が行われたという記事。
○建保六（一二一八）年十二月二日条：北条義時が建立した大倉新御堂の薬師如来像を「雲慶」が造り、その開眼供養が行われたという記事。
○貞応二（一二二三）年八月二十七日条：北条政子が新しい御所に持仏堂を建て、その本尊に源実朝が祈念していた「雲慶」作の本尊（すなわち、建保四年正月十七日条にみえる釈迦如来像）を安置したという記事。

運慶の生年は判然とはしないが、没年は貞応二（一二二三）年十二月十一日とされている。生年についてもう少し掘り下げると、運慶の嫡子湛慶《たんけい》が承安三（一一七三）年に生まれたことはわかっているので、この時の運慶の年齢を二十歳とすれば久寿元（一一五四）年生まれ、三十歳とすれば天養元（一一四四）年生まれということになる。いずれにしても運慶は十二世紀半ばの生まれと考えられるので、文治五（一一八九）年九月十七日条を除いて、『吾妻鏡』の記事との時間的な矛盾はない。なお、この文治五（一一八九）年九月十七日条については別途検討する。

次にこれらの「雲慶」を運慶と考えてよいかということであるが、史料上、音が同じならば別の文字を用いることは多々ある。事実運慶についても、『東大寺続要録』に東大寺南中門の二天像（現存しない）のうち、西方持国天像の仏師として「雲慶」がみえる。これは、大仏師定覚のもとの小仏師筆頭として記されており、その扱いから疑問がなくはないが、同一工房に呼名を同じくする仏師が複数いることは考えにくいことから、運慶と考えられている。前述のように、運慶在世（活動）期間との矛盾がないことなどもふまえると、『吾妻鏡』に登場する「雲慶」は運慶と考えてよい。現在、美術史家の多くもそう考えているようである。

運慶作釈迦如来像・薬師如来像・五大明王像の想像

源実朝持仏堂本尊釈迦如来像

『吾妻鏡』にみえる運慶が制作した仏像は、釈迦如来・薬師如来・五大明王などである。これらは現存していないが、その記述からどのような仏像だったのかについて考えてみたい。前述のように建保四（一二一六）年正月十七日条は、源実朝の持仏堂の本尊の釈迦如来像についての記事である。持仏堂は将軍御所の傍らにあり、将軍の私的な仏事等が営まれていたものと思われる。また、この像は京都より移されたとあるので、この記述を信じればこの像を運慶が京都で制作したということになる。

よく知られているように実朝は承久元（一二一九）年に暗殺されるが、その後、北条政子が廊御堂《ろうのみどう》という自らの持仏堂を建てて、この釈迦如来像をそこに移したというのが、貞応二（一二二三）年八月二十七日条である。運慶が死去するのがこの年の十二月十三日であった。この釈迦如来像のその後は判然としないが、『吾妻鏡』建長四（一二五二）年十一月十日条に、宗尊親王の将軍宣下にともなう新御所の持仏堂に本尊釈迦如来像を安置したという記事がある。断定はできないが、実朝の持仏堂にあった釈迦如来像が、政子を経て代々の鎌倉将軍の持仏堂に伝来した可能性もある。

それでは、この釈迦如来像はどのような仏像だったのであろうか。運慶作の釈迦如来像としては、近年明らかになった興福寺仏頭（旧西金堂本尊）が挙げられる。しかし、持仏堂はおそらく三間四方程度であろうから、その本尊は丈六仏（一丈六尺＝約四・八五メートルの像、坐像はその半分の法量）のような巨像とは考えにくく、等身像かそれよりも小さい三尺像（約九〇センチ、坐像はその半分の法量）だったのではないだろうか。

大倉新御堂（覚園寺）本尊薬師如来像

次に、建保六（一二一八）年十二月二日条にみえる大倉新御堂の「雲慶」作の薬師如来像について述べる。この大倉新御堂は北条義時が建立し、その後永仁四（一二九六）年に貞時が覚園寺として現在に至っている。『吾妻鏡』建保六年七月九日条は、大倉新御堂の創建について興味深い伝承を伝えている。すなわちその前夜、義時の夢枕に十二神将の戌神が立ち、来年の将軍実朝の拝賀には供奉してはならないと告げた。義時は霊夢の意をはかりかねたが、十二神将への信仰から大倉郷に薬師堂を建立したという。翌年の拝賀とは、承久元（一二一九）年正月二十七日に起こる実朝暗殺の惨劇の舞台である。『吾妻鏡』はその後義時が大倉薬師堂を参詣すると、この戌神だけが堂内におらず、事件当日白い犬に姿を変えて義時の危機を救ったとする霊験譚を載せているのである。

十二神将は脇侍の日光・月光両菩薩とともに、薬師如来の眷属《けんぞく》（付随する菩薩や天部）であり、仏像は儀軌《ぎき》によりこの組合せで制作されることが多い。実際、現在の覚園寺にも重要文化財の薬師三尊像・

十二神将像が残っており、この『吾妻鏡』の記事を読み解いていくうえで参考になる。しかし、像内銘等から日光・月光菩薩像は応永二十九（一四二二）年、十二神将像も応永年間（一三九四～一四二七年）の制作ということがわかっている。薬師如来像には銘文はないが、衣の裾を蓮華座に長く垂らす法衣垂《ほうえすい》下《か》像であり、これは宋風美術の影響を強く受けて鎌倉中期以降に流行するので、運慶が作り得た様式ではない。頭部は鎌倉末期、体部は南北朝から室町時代の作と推定されており、おそらくは貞時による覚園寺創建や応永年間の大規模な修理によって制作された再興像であろう。ただし、『吾妻鏡』の記述からは、薬師如来、日光・月光菩薩、十二神将という組合せは義時の大倉新御堂創建当初からのものであったということは推察されるのである。

勝長寿院五仏堂（五大堂）五大明王像

最後に承久元（一二一九）年十二月二十七日条にみえる勝長寿院五仏堂（五大堂）五大明王像について述べる。『吾妻鏡』には、北条政子が源実朝の追善のために堂舎を造立し、仏像を安置したとある。この日は実朝の月命日にあたる。勝長寿院は、文治元（一一八五）年に源頼朝が亡父義朝の追善供養のために鎌倉雪ノ下に創建した寺院である。現在は廃寺であるが、源氏一門の菩提寺的な存在で、永福《ようふく》寺《じ》・鶴岡八幡宮と並んで当時の鎌倉の三大寺社の一つであり、実朝自身もしばしば参詣していた。

五大明王とは五大尊ともいい、一般的には不動明王・降三世明王《ごうさんぜみょうおう》・軍荼利明王《ぐんだりみょうおう》・大威徳明王・金剛夜叉明王をいう。運慶作の五大明王像としては、近年発見された称名寺光明院大威徳明王像が挙げられる。この像は調査の結果、建保四（一二一六）年に「源氏大弐殿《げんじだいにどの》」の発願により、大日如来・愛染明王とともに造立されたことがわかった。像高二一・二センチの小像ながら引き締まった体軀や恐ろしくも端正な面貌を持ち、運慶最晩年の作例として注目されている。「源氏大弐殿」とは甲斐源氏加賀美遠光《かがみとおみつ》の愛娘で、頼朝の命によって頼家や実朝の世話役をつとめた「大弐局《だいにのつぼね》」のことと考えられている。実朝の御成始《おなりはじめ》の介添えをつとめたほか、建保元（一二一三）年の和田合戦の勲功賞として地頭職を拝領することなどからは政治的な役割の大きさも推察される女性である。義時や大江広元との確執という緊迫した情勢のなかで、その息災を祈願してこの大威徳明王像を造立したという解釈もある。建保四（一二一六）年の造立であるから、承久元（一二一九）年に政子によって安置された五大明王像とも制作時期が近く、その作風を想像できる。

政子が造立した五大明王像にはどんな意味があったのだろうか。五大明王を主尊とする修法は五壇法といい、国家安穏や調伏・増益・除災などを祈願するものである。非業の死を遂げた息子の冥福を祈る追善供養の趣旨とは結びつかない面も感じられるが、当時の鎌倉における密教の隆盛を背景として考えるべきことなのかもしれない。

平泉（毛越寺）の運慶―文治五年九月十七日条の読み解き―

さて、次に文治五（一一八九）年九月十七日条について述べたい。前述のように、『吾妻鏡』ではこの記事のみ運慶の在世（活動）期間と一致しない。この記事は、源頼朝による奥州合戦の戦後処理に関する記述である。同年九月十日・十一日、厨川（岩手県盛岡市）に在陣している源頼朝のもとに、平泉の寺僧らが訪れ、平泉にある貴重な寺社の保護を求めるという話のくだりである。寺僧らは九月十七日に平泉内の寺社に関する詳細な注文を提出し、頼朝はそれを了承してこれらの寺社を保護することになるのだが、その注文のなかで毛越寺について次のような説明がなされている。

かつて藤原基衡が、毛越寺を建立する時に、金堂円隆寺の本尊・丈六の薬師如来像や十二神将像を「雲慶」に依頼した。依頼を受けた「雲慶」は上中下の三品（等級）の制作のいずれかを問い、これに対し基衡は中品で依頼したという。その謝礼として円金百両・鷲羽《わしのは》百尻・水豹皮《あざらし》六十余枚・安達絹千疋・希婦（狭布《けふ》）の細布二千端・糠部《ぬかのぶ》の駿馬五十疋・白布《しらぬの》三千端・信夫毛地摺《しのぶもじずり》千端ほか陸奥の産物が三年間に片時も途絶えることなく運ばれたという。受け取った「雲慶」が喜びのあまり戯れに「練絹《ねりぎぬ》」（生糸のまま織り上げ、後から精錬した絹織物）であればなお良かったと言ったところ、基衡はただちに練絹を船三艘で届けさせたという。噂を聞いてその仏像を拝観した鳥羽法皇があまりの比類なさに洛外への移出を禁止したが、これに度を失った基衡は持仏堂で七日間の水断ちをして祈請したので、関白藤原忠通の取りなしでようやく勅許を得て安置されることになったという話である。

それでは、この『吾妻鏡』文治五（一一八九）年九月十七日条をどう読み取ったらよいのだろうか。藤原基衡が「雲慶」に対して贈呈した金品についてみると、たとえば円金百両だけでも、一両を三七・三グラムとした場合、現在ならば二五〇〇万円以上の価値となる。そのほかに矢羽（弓矢）の材料である鷲羽百尻、馬鞍の材料である水豹皮六十余枚、現在ならば高級乗用車に匹敵する駿馬五十疋（匹）、安達絹・細布・白布・信夫毛地摺という奥州産繊維製品は貴族や武士たちにとって垂涎の品々であった。

その数量を考えると莫大な価値を持ち、一人の仏師に対する謝礼としては破格であり、とうてい事実とは考えられない。また、追加して「雲慶」が受け取った練絹も基衡は船三艘で届けさせたというが、船三艘で届ける練絹の分量とはいったいどれくらいなのか想像もつかない。

参考までにいえば、実際に運慶が得た謝礼がわかる史料がある。これは、前述の円成寺大日如来坐像の像内銘であるが、運慶はこの仏像を約一年間かけて造立した謝礼として上品八丈絹四十三疋を受け取ったことがわかる。「上品」とは上質なこと、「八丈絹」とは一疋の長さが八丈（約二四メートル）の絹織物のことで、これを四十三疋受け取ったのである。一疋の絹から着物二枚分がつくれたという。現代での価値換算は難しいが、一応の目安として一疋六万円程度と考えると、四十三疋で二五〇万円程度になるだろうか。さきにみた藤原基衡の「雲慶」に対する謝礼と比べるとまったく次元が違うことがわかる。

毛越寺の建立年代は判然としないものの十二世紀半ば頃と考えられ、藤原基衡の没年も保元二（一一五七）年とされるので、運慶の在世期間とは一致しない。奥州藤原氏の財力はつとに有名であるが、こうした莫大な謝礼は、事実というよりも奥州藤原氏の財力と毛越寺の仏像の価値、そしてさらにいえば仏師運慶の名声を飾るための虚構と考えられるのである。

「平泉寺塔注文」と寺僧たちの思い

それでは、この『吾妻鏡』文治五（一一八九）年九月十七日条を虚構として退けてしまってよいのであろうか。しかしながら、どんな史料にも必ず意味があり、虚構なら虚構、誇張なら誇張の理由がある。『吾妻鏡』は鎌倉後期に編纂された書物であり、その時代の編纂者たちの作為は当然ある。しかし、この記事の内容は『吾妻鏡』の地の文（編纂者の文章）ではなく、そこに収録された「平泉寺塔注文」であるから、『吾妻鏡』編纂者の作為ではなく、注文を書いた寺僧たちの思いに考えをめぐらせなければならない。

この「平泉寺塔注文」には、中尊寺・毛越寺・無量光院の堂塔・仏像やその由来について詳細に記載されている。これらの寺院はそれぞれ藤原清衡・基衡・秀衡によって建立された平泉の三人寺院ともいえる寺院である。経緯を紐解けば、文治五年九月十日に中尊寺経蔵別当心蓮《しんれん》が陣ヶ岡《じんがおか》（岩手県紫波町）に滞在する頼朝を訪ね、中尊寺の惨状と保護を訴えたことに始まる。心蓮はまず、自らが別当を務める中尊寺経蔵に紺紙金銀字交書一切経《こんしきんぎんじこうしょいっさいきょう》という重宝が納められていることを伝えて保護を求めたところ、頼朝はその場で経蔵別当領骨寺の四至内の諸役免除を認めた。さらに頼朝から藤原清衡・基衡・秀衡三代の建立した中尊寺・毛越寺・無量光院についての下問があり、心蓮は説明するとともに、後日詳細を書面で言上する旨を返答している。翌九月十一日に、心蓮は毛越寺僧の源忠《げんちゅう》や無量光院僧と思われる快能《かいのう》をともなって再び頼朝の宿所を訪れた。この時に源忠や快能は心蓮の説明を補足したものと思われる。これに対して頼朝は、寺領安堵と地頭らによる濫妨停止の下文を与えた。なお、心蓮が頼朝に約束した書面は源忠らの協力のもとに作成し、九月十七日に厨川に至った頼朝に提出したのである。

すなわち、寺僧たちが、平泉から遠路陣ヶ岡や厨川の頼朝宿所まで出かけていって訴えたその心情を考えると、敗れたとはいえ奥州藤原氏が贅を尽くし、自分たちが守ってきた平泉の寺社を保護してもらいたいという一念だったのではないか。その際、伝承も含めてその価値を頼朝に強く訴える必要があったのである。

そう考えた時、寺僧たちが運慶の名を挙げたとすれば、どんな効果を狙ったものなのだろうか。運慶のその後の事績や活躍が伝説化され、それがこの場面に反映して『吾妻鏡』に記されたとする見方もある。しかしながら筆者は、この情報が『吾妻鏡』の地の文ではなく、そこに収録された「平泉寺塔注文」によるものであるということから、同時代のこととしてとらえるべきであると考えている。とすると、この時点で頼朝は運慶をどう認識していたかということが問われるだろう。

運慶は、奈良仏師と呼ばれていた康慶の子であり、興福寺を本拠とした仏師であるが、文治二（一一八六）年に北条時政の依頼により願成就院諸像の造立を始めるのを皮切りに、東国武士たちの依頼に応じるようになっていた。文治五（一一八九）年にも和田義盛の依頼により浄楽寺諸像を造立している。時代はこれより下るが、前述の「新発見」の光得寺や真如苑の大日如来像も足利義兼の依頼によるものと考えられている。

こうした有力御家人たちによる造立に運慶が関わっていたことを頼朝が知らないはずはなく、事実、頼朝はこの後東大寺再建をはじめとする造像に運慶やその一門を登用していくことになる。さきに挙げた伝説化とも関連するが、鎌倉の永福寺造立に運慶や慶派一門が積極的に関わったという研究もある。頼朝の没後、運慶の源実朝や北条政子との結びつきもその文脈のなかで解くことができよう。平泉の寺僧たちは頼朝がよく知る運慶の名を出すことにより、平泉の寺社の価値を強調し、保護を懇請したのではないだろうか。自らが滅ぼした奥州藤原氏の先々代（藤原泰衡の祖父）と結びつけるストーリーに、頼朝は内心苦笑したかもしれないが、結果的にこの懇請は功を奏した。頼朝は寺領を寄付するとともに、地頭による乱妨停止の壁書を掲げさせることによって、平泉の寺社を保護していくのである。そのお陰で、現在私たちは中尊寺金色堂など平泉の貴重な文化遺産に接することができたともいえる（毛越寺は、残念ながらその後の火災によって焼失するが、頼朝の段階では保護されていたのである）。

なお、文治五（一一八九）年九月十七日条には、「雲慶」が造像した薬師如来や十二神将には初めて玉眼《ぎょくがん》が用いられたということも記されている。玉眼とは、仏像の目を本物らしくみせるために、内側から穴を開け、そこに水晶を嵌め込む技法で、鎌倉時代から一般化する。現在知られている玉眼嵌入《かんにゅう》の最初の作例は仁平元（一一五一）年に造られた長岳寺阿弥陀三尊像（奈良県天理市）である。その作者は判然としないが、康助《こうじょ》や康朝《こうちょう》ら奈良仏師と比定されている。彼らは運慶へと連なる仏師であり、運慶自身も安元元（一一七五）年に制作した円成寺大日如来像にこの技法を用いている。その後の如来像・菩薩像には彫眼《ちょうがん》が多いものの、明王像や天部には玉眼を積極的に用いており、玉眼はいわば運慶や慶派のお家芸といえるものであった。

それでは平泉の寺僧たちはどうしてそうした情報を有していたのであろうか。仏教界のネットワークと言ってしまえばそれまでであるが、一つ付け加えれば、前述の毛越寺僧源忠に「已講《いこう》」という尊称が付されていることは注目される。已講とは「三会已講師《さんえいこうし》」の略で、僧の学階を示している。これは、宮中の御斎会《ごさいえ》・薬師寺の最勝会・興福寺の維摩会《ゆいまえ》という三つの法会の講師をつとめ上げた学僧をいう。すなわち、毛越寺僧源忠は、畿内仏教界との関連の深い碩徳の僧であるばかりでなく、興福寺とも直接接点を持ち、「興福寺相応院勾当」であった運慶を直接知る立場にあったことも垣間見えるのである。

願成就院の建立年代―『吾妻鏡』と五輪塔型銘札―

以上、『吾妻鏡』にみえる運慶からわかることをまとめてみたが、本稿の締めくくりにあたり、運慶の造像に関係の深い願成就院の建立年代に関する私見を述べたいと思う。『吾妻鏡』文治五（一一八九）年六月六日条には、北条時政の発願によって、事始《ことはじめ》・立柱《りっちゅう》・上棟《じょうとう》・供養がなされたという記事がある。

一方、願成就院には四枚の五輪塔型銘札が残されている。二枚は宝暦二（一七五二）年の修理時に不動明王・毘沙門天の像内から、ほかの二枚は昭和五十二（一九七七）年の修理時に矜羯羅《こんがら》・制吒迦《せいたか》童子の像内から取り出されたものである。この銘札には種子《しゅじ》や宝篋印陀羅尼《ほうきょういんだらに》のほか「文治二年五月三日奉始之」・「巧師勾当運慶」・「檀越《だんおつ》平朝臣時政」・「執筆南無観音」という文字がみえる。「巧師」とは仏師のこと、「勾当」とは浄楽寺銘札にもみえる興福寺相応院勾当という当時の運慶の所属である。「檀越」は檀那同様、僧に衣食などを提供する信者のことであるが、ここでは建立者の意味で使われている。これらを南無観音という僧侶が書写したということがわかる。

ここで問題となるのが、この銘札には文治二（一一八六）年五月三日に造り始めたことが記されている点である。前述の『吾妻鏡』の記事と矛盾が生じ、同時代史料である銘札が信じられるという前提から『吾妻鏡』の記述を疑う見解もある。しかし、この『吾妻鏡』の条文を良くみると、事始・立柱・上棟・供養というように異なる工程・儀式等を列挙している。「事始」とは建築の着手、「立柱」は初めて柱を立てること、「上棟」は柱や梁を組み立ててその上に棟木をあげること、「供養」は堂舎が完成して本尊を安置し、その開眼供養等を行うことであるから、これを時政が発願して一日で成し遂げることは不可能である。すなわち、何年かに及んだ願成就院造営を完成し供養が行われた文治五（一一八九）年六月六日条にまとめて記しているのである。願成就院は奥州合戦の戦勝祈願のために建立された寺院であるから、その記事を同年七月の奥州合戦開始の直前に収めたと考えられる。祈願という意味では、この時期に鶴岡八幡宮寺の塔供養の記事が多くみえることも関連するのかもしれない。そう考えれば、銘札の記述と『吾妻鏡』の記述は矛盾しないのである。

ただし、銘札に疑問がないわけではない。「檀越平朝臣時政」という銘文であるが、朝臣とは五位以上の官位を持つ者への尊称である。時政が従五位下遠江守に叙任されるのは正治二（一二〇〇）年四月であるからこの文治二年段階で朝臣を付すことには疑問が残る。こうした点などをふまえ、銘札そのものへの考察も必要とされるのではないだろうか。

おわりに

古い話で恐縮であるが、筆者が学んだ頃の学習院大学文学部史学科の中世史ゼミ（日本史演習）では、安田元久先生のご指導のもとに『吾妻鏡』の講読を行っていた。国史大系本をテキストに逐次読み進め、学生が順次発表した。この時、ゼミの二年生から四年生までがグループをつくり、そのグループで事前学習をしてから全体に臨んでいた。二年生の時は三年生から読み方や解釈などを懇切丁寧に教えていただいた記憶がある。自分が上級生になると責任も増すことから、これはこれで勉強になった。筆者も現在、勤務先で大学生の指導にあたる際に異学年間の学び合いを重視しているが、それはこうした自らの原体験に根ざしているのかもしれない。

さて、ゼミでは学生の発表の後、安田先生からコメントがあった。すぐにわかる指摘とそうでないものがあったように記憶している。そうでないものは今後考えていく課題を示されたのではないかと思う。ある時「運慶」と「雲慶」について話題にされたことがあった。同一人物と考えてよいかどうか、ということであったと思う。当時美術史に関心があり運慶仏にも接していた筆者にとっては心引かれるテーマだったはずなのだが、生来の怠惰もあってそのままにしてしまった。その後もその思いを心のどこかに残しながらも、形にすることなくいたずらに歳月が流れてしまった。安田先生の三十年祭にあたって『「吾妻鏡」の時代』が編まれる機会を僥倖とし、先生に提出するレポートのつもりで拙文を書かせていただいた。及第点が取れるかどうかは甚だ心許ないが、自分自身としては四十数年にわたる胸のつかえが下りたような気がしている。

参考文献
井上章『覚園寺』中央公論美術出版、一九六五年

神奈川県立金沢文庫『運慶　鎌倉幕府と霊験伝説』（特別展図録）二〇一八年
菊池紳一・北爪寛之編『吾妻鏡地名寺社名等総覧』勉誠出版、二〇一五年
久野健編『造像銘記集成』東京堂出版、一九八五年
根立研介『日本中世の仏師と社会』塙書房、二〇〇六年
根立研介『運慶　天下復タ彫刻ナシ』ミネルヴァ書房、二〇〇九年
水野敬三郎・山本勉『願成就院』中央公論美術出版、二〇一四年
山本勉監修『運慶　時空を超えるかたち』（別冊太陽）平凡社、二〇一〇年

高橋秀樹

吾妻鏡研究の最前線

はじめに

二〇二二年にNHK大河ドラマ「鎌倉殿の13人」が放映されたことで、鎌倉幕府の歴史書『吾妻鏡』に対する関心がにわかに高まった。西田友広編『ビギナーズ・クラシックス日本の古典　吾妻鏡』(KADOKAWA、二〇二一年)のような良質な一般向け書籍が刊行されたことは喜ばしいが、その一方で、『吾妻鏡』に関する江戸時代以来の俗説が拡散されるという事態も起こってしまった。SNSにおける歴史愛好家の発言だけならば致し方ないが、それに所蔵機関の公式ウェブサイトや歴史研究者が手を貸しているとなると、手をこまねいてみているわけにはいかない。

そこで、本稿では『吾妻鏡』に関する最先端の研究成果を紹介し、通説や俗説との違いを明らかにしたい。『吾妻鏡』研究には、現存する諸本の性格を解明し、その比較から『吾妻鏡』そのもののあり方を考察する方法と、編纂物である『吾妻鏡』が依拠した原史料や編纂手法などを探る方法とがある。これらの二つの方法にもとづく研究を紹介し、それをふまえて鎌倉時代の政治史を再構築しようとする研究が登場した一方で、いまなお史料批判の名のもとに作為的な『吾妻鏡』利用が行われている現状、『吾妻鏡』を一つの作品ととらえて、その「歴史構想」なるものを想定する文学研究が出現している問題にも言及したい。

諸本研究から

江戸時代以来の俗説がいまだに流布している最大の原因は、諸本に対する研究者の無関心である。『吾妻鏡』を利用している研究者の大半が、一〇〇年近く前に刊行された『新訂増補国史大系　吾妻鏡』（吉川弘文館、一九三二年）を鎌倉幕府が編纂した『吾妻鏡』そのものだと思い込んでいる。この本に編者が頭注の形で示した諸本間の文字異同にさえも注意が払われていない。彼らにとってはその活字本の本文こそが信頼できる『吾妻鏡』であるから、国史大系が底本としている北条本や、対校本に用いている吉川本・島津本などの諸本に関心が向かなかった。取り合わせ本をさらに取り合わせたうえに、編者の考えで文字を改変していても、それを信頼しているのである。なぜそれが一〇〇年も変わっていないかといえば、それらの研究者が史料、とりわけ記録・典籍の原本調査の経験を積んでおらず、史料原本（写本）に対する関心が薄いままだったからである。現在の古文書研究がかつての活字本を使った文書様式研究を脱して、原本の非文字列情報に着目し、いまや料紙を顕微鏡で観察するレベルに深化していることと比べると、その違いは歴然としている。最近刊行された自治体史の資料編をみても、地域の文書は、端裏書を透過光で撮影したカラー写真や料紙の計測データまでもが掲載されているのに、『吾妻鏡』の記事は国史大系本を切り貼りした形で掲載されているにすぎないのは象徴的である。

国文学研究資料館が公開している「国書データベース」の「吾妻鏡」の項目から、存在していないのにもかかわらず誤って書き入れられている天理図書館の黒川真頼旧蔵本を除き（高橋秀樹「天理大学附属天理図書館の『吾妻鏡』」『古文書研究』八〇、二〇一五年）、未掲載のものを各所蔵機関の目録などから補うと、全国に六〇点弱の写本の存在が確認できる。ただし、江戸時代に流布した古活字本や寛永版本と同じ「新刊吾妻鏡」の内題があることから、版本もしくは古活字本を書写したことが明らかな本が一〇点余り含まれているので、純粋な写本と呼べるものは四〇点余りである。数十冊に及ぶ大部の写本から、一冊のみのもの、さらには一紙・二紙程度の抜書まで、さまざまな写本が現存している。また、漢文体のものだけでなく、流麗な仮名で記された八戸市立図書館所蔵南部本・鹿児島大学附属図書館所蔵玉里文庫本や、漢字・仮名交じりに書き下された天理図書館所蔵勝海舟旧蔵本もある。これまで仮名書きの『吾妻鏡』は二次的な産物として見向きもされてこなかったが、南部本・玉里文庫本には新出の記事があり、漢文体諸本、とりわけ吉川本にしか存しないと思われていた記事の誤字・脱字を修正できることが明らかとなった。

国史大系本に集大成されている『吾妻鏡』が鎌倉幕府がつくった『吾妻鏡』そのものであるという思い込みに対して、これまでも益田宗「吾妻鏡の伝来について」（『論集中世の窓』吉川弘文館、一九七七年）

がすべての『吾妻鏡』は寄せ集めであることを指摘し、金沢文庫本系と関西伝来系とに分ける八代国治氏の伝本論（『吾妻鏡の研究』吉川弘文館、一九一三年）を否定したり、前川祐一郎「室町時代における『吾妻鏡』」（『明月記研究』五、二〇〇〇年）が室町時代にさかのぼる現存写本から室町時代の『吾妻鏡』の散逸状況について述べたりしているが、こうした研究はほとんど顧慮されてこなかった。

　吉川史料館所蔵吉川本の最終冊に記されている大永二（一五二二）年の右田《みぎた》弘詮《ひろあき》識語は室町時代における『吾妻鏡』のあり方をよく示している。現代語に訳して示しておこう。

　この関東の記録〈吾妻鏡と題される〉は文武諸道の手本であるとのことを長年耳にしてきたのだが、世に流布している類の本ではないので、一目みることもできなかった。もう望みを叶えることはできないと諦めていたら、さる文亀（一五〇一～〇四年）の初めに、思いがけず都合のいい写本を得た。まず現在の冊数で四十二帖〈次第には欠けている分があった〉、多くの書写者であわてて書き写した。ざっと年譜の前後を調べてみると、治承四（一一八〇）年より文永三（一二六六）年に至るまで、不足分が二十年余りになっていた。そこで、散在している本を京都・畿内・東国・北国の諸家から手に入れようと、場合によっては所々を廻っている知り合いの僧侶に頼み、場合によっては往き来しあちらこちらに出かけている客人を通じて尋ね捜すこと怠りなかった。その努力が報われたからか、欠けている冊のうち、だんだんと少しずつ集まってきたので、今一筆でこれを書写し、右の四十二帖に加えて、総数四十八帖〈年譜一帖を加えている〉としたのである。このように、執着してきたから、その苦労や配慮は一通りではない。今後たとえ望む人がいたとしても、決して披見を許してはいけない。しばらくであっても室内から出してはいけない。ましてや他人に貸したり写させたりすることはなおさらである。もし子孫のなかにこの掟に背く者がいたならば、重大な親不孝者としなくてはいけない。自分自身が読む分には、二十四時間中でも、望ましいことである。そこで書き置いておくのは以上の通りである。

大永弐年九月五日　　安房前司弘詮（朱方印）

この識語からは、『吾妻鏡』が、室町時代の十六世紀の初めには、簡単に入手できるような本ではなかったこと、四十冊余りの写本の塊が稀覯《きこう》本として伝わっており、弘詮は偶然にもそれを借り受けて書写できたこと、それには二十年余りの不足分があり、欠分を補おうと思い立った弘詮は、弘詮が仕える大内氏の政治的・文化的ネットワークを駆使して全国から不足分を集め、弘詮自身の一筆で書写し直したのが現存する吉川本四十八冊であることが読み取れる。

①吉川本（吉川史料館所蔵）　四十八冊（年譜一冊・本文四十七冊）

右田弘詮が書写した『吾妻鏡』は、大内氏家臣右田氏の手を離れて、毛利元就の所蔵に帰し、子息吉川元春へと譲られた。江戸時代を通じて吉川家に秘蔵されていたが、明治の末年に東京帝国大学史料編纂掛に貸し出され、影写本が作成されるとともに、一九一五年国書刊行会から活字本が刊行された。同じ料紙に一筆で写された吉川本の本文からは、弘詮が最初に入手した四十冊余りと、その後に入手した六冊の違いを判別することはできないが、別冊年譜の各年次の上に記された朱丸・黒丸の記号にそれが示されている。本稿末尾の表に示した通り、無印の寿永二（一一八三）年・建久七（一一九六）〜九年など十四年分は吉川本の記事日数が0（文暦元〈一二三四〉年のみ2）、すなわちほぼ記事がない年であるから、弘詮が入手できなかった年次を示している。朱丸印は五十六年分。現状では三十九冊分であるが、文治元（一一八五）年・二年はそれぞれ上下に分かれていたので四十一冊、これに年譜を加えると四十二冊ということになる。これが文亀年間に弘詮が入手した部分だろう。そして黒丸印が弘詮収集の冊で、文治三年の一冊・建保二（一二一四）年〜承久元（一二一九）年の二冊、貞応元（一二二二）年〜安貞元（一二二七）年の二冊、天福元（一二三三）年一冊、暦仁元（一二三八）年〜仁治元（一二四〇）年の二冊の計八冊分に相当する。

②北条本（国立公文書館所蔵）五十一冊

小田原北条氏の所蔵本が和議を仲介した黒田孝高（官兵衛）に贈られ、慶長九（一六〇四）年三月にその子長政から徳川秀忠に献上されたとする伝承があることから、北条本と呼ばれている。この説は、『寛政重修諸家譜』の黒田家系図の注記などにもとづいて、江戸時代の学者近藤守重（重蔵・正斎）が唱えたもので、現蔵者も刊行物やウェブサイトでこの説を敷衍している。しかし、徳川家康がこの本を底本にした古活字本を慶長一〇年に開版していることを考えると、慶長九年の献上では間に合わないから、この伝承は事実ではなかろう。入手年次と開版年次との整合性を疑った八代国治氏は、この北条本とは別の本が古活字本の底本だったと想定し、それを徳川家康本と名づけているが、北条本が古活字本の底本であることは両本の比較から動かしようがないので、その八代氏の仮定には無理がある。北条本には三種類の料紙が使われており、さまざまな書き入れもあるから、成立過程の復元が可能である。その料紙の特徴と冊数は左の通り。

a黄みがかった料紙のみを用いた三十二冊

b黄みがかった料紙に、赤みのある料紙を補入した十冊と、赤みのある料紙のみの一冊

c白い料紙を用いた八冊

aに含まれる第一冊には、同じ料紙に書かれた目録・帝王系図・執柄系図・関東将軍次第・清和源氏系図・関東執権次第・桓武平氏系図・或記が付録として合綴されている。帝王系図は後柏原天皇(在位一五〇〇～二六年)を「当今」と記しており、清和源氏系図には足利義材・同義高の名が記されていて、同晴氏・同義尹・同義晴の名が追記されていることから、彼らの改名年を考え合わせると、abの黄みがかった料紙が使われている四十二冊の成立は文亀年間(一五〇一～〇四年)、系図の追記は十六世紀前半に想定される(和田英松「吾妻鏡古写本考」『国史説苑』明治書院、一九三九年)。この四十二冊を入手した何者かが、新たに入手した吾妻鏡の記事を赤みがかった料紙を用いて補入してab四十三冊の『吾妻鏡』に仕立て直した(十六世紀前半)。abの本を入手した徳川家康が新たに収集して追加した分がcの八冊である(十六世紀末)。すでに入手していたabとcの一部を底本とする活字本の刊行準備を進めていた家康が、cに含まれる第三十八を慶長九年六月段階では所持していなかったことが相国寺本坊文書の家康書状から明らかであるので、その冊を含む北条本の最終的な成立は古活字本の開版直前というこ

となる。

黄みがかった料紙の四十二冊のなかには巻頭に目録を持つ冊が四冊あり、そこには現在の北条本の冊構成とは異なる数冊分にまたがる事項が記されている。これは、この目録を持つ北条本の一部の祖本が合冊本だったことを示している。同じ目録を含む同種の目録が学習院大学所蔵平瀬本では八冊にみられることから、北条本の最初の四十二冊も寄せ集めで、一部に平瀬本の祖本の系統の本も使われているとわかる。

文亀年間に右田弘詮が入手した『吾妻鏡』が四十冊余、同じ文亀年間に成立した北条本の最も古い料紙部分が四十二冊というのは、決して偶然ではない。現在の吉川本・北条本のあり方から、室町時代における『吾妻鏡』の状況がみえてくる。表をみると、吉川本の朱丸印と北条本の黄紙の大半が重なっていることに気づく。これが十六世紀初めに何組か存在していた四十冊余りの写本の塊を示す。ただし、寛喜三（一二三一）年・貞永元（一二三二）年の冊などは、吉川本と北条本とで収録日数にかなりの差があるから、右田弘詮が入手した塊には豊富な記事を持つ冊が備わっていたが、北条本の最初の書写者が入手した塊のなかのこの冊は抄出本だったというような若干の違いがあったこともわかる。文治三年の冊は弘詮・家康ともに後から何とか入手した冊であり、弘詮には手に入れられたが、家康には入手できなかった嘉禄元（一二二五）年〜安貞元年冊や、逆に家康は手に入れたが、弘詮には集められなかった建長三（一二五一）年冊などの違いがある。

弘詮・家康ともに入手できなかったのが、寿永二年・建久七〜九年・仁治三年・建長元年・同七年・

正元元（一二五九）年・弘長二（一二六二）年・文永元（一二六四）年の十年分だった。現存する『吾妻鏡』写本が鎌倉幕府が編纂した『吾妻鏡』そのものではなく、幕府滅亡後に散逸したものを十四～五世紀を通じて何人かの人物が四十冊余り集め、さらに右田弘詮や未詳の収集者、徳川家康がさらなる収集に努めたものの、結局散失してしまっていて、集められなかった年次が十年分あったということなのである。徳川家康が関与していない吉川本にも含まれていないのだから、家康がこの部分を秘匿したという俗説は成り立つ余地がない。また、この部分は編纂されていなかったとして、建久七～九年・建長元年・弘長二年・文永元年欠巻の政治的意図を探ろうとする研究があるが、『吾妻鏡』写本の成立過程から考えると、それらの営為は空想としか思えない。

③島津本（東京大学史料編纂所所蔵）　五十二冊（目録一冊、本文五十一冊）

毛利本（明治大学図書館所蔵）　五十五冊（目録一冊、本文五十一冊、抜書二冊、『東鑑写本板本考』一冊）

かつては、島津家・毛利家が独自の増補を行った本だといわれていたが、両者を比べると誤字脱字程度の違いしかなく、その関係は、一方が親本で、もう一方がその写しであるともいえないから、同一祖本を持つ兄弟本であることは動かしがたい。したがって、島津家・毛利家ともに独自の収集や増補は行っていないことになる。

島津本はもと幕府奉行人の子孫である二階堂氏が所持していた本で、現在の島津本は幕府に献上した本の複本であるといわれているが（丸山二郎「吾妻鏡諸本雑考」『歴史地理』六一―五、一九三三年）、これは伝承や推測にすぎない。島津本後半の数冊は、下部しか写されておらず、上部は不自然な余白になっている。また島津本は書き入れなど利用された形跡がまったくない。藤本頼人氏によって、島津本の原本が元禄九（一六九六）年四月の鹿児島大火で焼失し、かつて原本を写させたことがある冊はそれを取り寄せ、転写本がない部分はその焼け残りを写して復元した本であることが明らかにされた（「島津本吾妻鏡の伝来と利用をめぐって」『島津家本吾妻鏡の基礎的研究』東京大学史料編纂所、二〇一八年）。これによって、現在の島津本が持つ不自然さに感じていた疑問が氷解した。

一方の毛利本には、毛利氏の祖先である大江広元の登場記事に付箋痕があるなど、利用の痕跡が残っている。治承四年の冊に文禄五（一五九六）年の書写奥書があり、大江広元の登場記事を書き抜いた抜書の識語に元和六（一六二〇）年の年紀があることから、その間二十年余りをかけて写された本だと考えられているが（福田栄次郎「毛利家旧蔵本吾妻鏡について」『駿台史学』八、一九五八年）、文禄の奥書はこの冊の祖本が有していた本奥書であって、この本自体の書写年代を示すものではない。また、抜書の文章が毛利本の本文とは異なることから、抜書の親本は毛利家が毛利本を入手する前に作成されたものと考えられる。別本を底本とする抜書の成立年代と毛利本の成立とは分けて考えなくてはいけない。

島津本・毛利本には、北条本の補写冊（b）に生じた物理的な空行がそのまま残っていることから、両本の祖本は、家康が増補する前の北条本の一部をほぼ直接的に転写していることが明らかである。その一方で、北条本にはない年次や記事もあるから、北条本と島津本・毛利本との関係については、今後、冊ごとに細かくみていかないといけない。

原史料研究から

これまでの吾妻鏡研究の主流は、原史料研究であった。八代国治氏以来、『吾妻鏡』が多くの偽文書を引用していることが指摘されてきた。八代氏の二段階成立説を否定して十四世紀の成立を論じた笠松宏至氏の研究（「徳政・偽文書・吾妻鏡」『中世人との対話』東京大学出版会、一九九七年）も、各将軍記の編纂者（幕府奉行人）を探る五味文彦氏の研究（『増補吾妻鏡の方法』吉川弘文館、二〇一八年新装版）も、『吾妻鏡』記事に用いられた原史料の分析のうえに成り立っている。

そうした原史料分析の一つの視点として、これまで公家日記を扱ってきた高橋が着目したのは、『吾妻鏡』記事に偏在する天候記載であった。『吾妻鏡』記事は日記風の体裁をとりつつも、すべての記事に「晴れ」「雨降る」などの天候記載があるわけではない。天候記載は日記・記録類に特有のものであり、公文書を原史料として天候を復元することはできない。写本によっては天候記載が省略されていることもあるし、転写の過程で欠落することもあり得るが、逆に改竄《かいざん》などによって付け加わることはほぼないだろう。複数の原史料を組み合わせている記事には注意が必要だが、少なくとも天候記述がある記事には何らかの日記・記録類が原史料として使われていることは間違いない。そこで、各将軍記・各年次ごとにその記事数を数えると、その割合は頼家将軍記から宗尊将軍記までが平均して五〇％近くなのに対して、頼朝将軍記は五％余りと極端に少ない。しかも、京都における以仁王挙兵記事や頼朝上洛の記事、重要な幕府儀礼や鶴岡八幡宮関係の記事などに限定されているから、頼朝時代には奉行人による恒常的な日記が残されていなかったことが明らかとなる。

『吾妻鏡』の原史料となった同時期の奉行人日記は現存していないので、その比較から編纂手法の復元はできないが、実朝将軍記や頼経将軍記には藤原定家の日記『明月記』を原史料としている記事があるから、『明月記』の記事と『吾妻鏡』の記事を比較することで、『吾妻鏡』が日記を原史料として利用する際の手法を明らかにすることができる。同内容というだけでなく、一文そのままの引用だったり、微細な表現までほぼそのままに引用されたりしている。話の順序を入れ替えたり、人名の示し方を変えたり、日記では用いられない「兮」「矣」などの不読助字を使って文章を飾ることはあるが、『吾妻鏡』独自の情報は少ない。和田合戦の記事のように、『明月記』記事の引用のなかに、『吾妻鏡』独自の記事が顕著な場合には、『吾妻鏡』編者による部分的な創作を疑った方がいい。『明月記』のような公家日記を原史料としている記事は、京都の使者による伝達、あるいは京下りの実務官人の言説という形をとる。原史料が不明な記事であっても、使者・飛脚の伝達、京下り官人の言説のフォーマットに当てはまる記事は、公家日記を原史料とすると想定できる。

頼朝将軍記は、日記を原史料とする天候記載が少ない一方で、他の将軍記の一〇倍、一〇％の記事に文書が文書様式を残す形で引用されている。大江広元が写しや控えを保存していた京都との交渉に関する重要文書や、源実朝によって収集された頼朝発給文書の写しが幕府に残っていて、それが頼朝将軍記の編纂に利用されたと考えられる。

文書をその様式のまま引用している記事以外にも、安堵・狼藉停止・租税免除などの権利付与に関する内容で、天候記載のない記事は、訴訟時に幕府に提出された寺社・御家人家の文書を原史料としている可能性が高い。こうした記事は将軍記の枠をこえて関連記事があることが少なくない。五味氏説のように将軍記ごとに別の奉行人が自家に保管されていた文書をそれぞれ利用して編纂したのではなく、数人の編纂者が幕府書庫の文書を共有していたと考えた方がいい。文書を原史料とする記事には実務官人の名をともなって「〜の奉行として」と書かれていることが多い。これは文書から記事を作成する際に、発給者名などを落とし込む一種のフォーマットだったとみられる。また、初期の頼朝文書の場合には、右筆の筆跡から発給にたずさわった奉行人を判断して、名を記したと思われる。

頼経将軍記以降には幕府が京都の六波羅探題に命令を伝達した記事がいくつもある。その記事と、幕府の法令集に関東御教書の形式で残る文書とを比較すると、関東御教書の一部をほぼその文言通りに引用しており、言葉の置き換えはみられるものの、『吾妻鏡』の記事に独自の情報はない。

『吾妻鏡』の文書利用には、『吾妻鏡』の原史料利用手法の基本である原文通りの引用とは異なり、記事を創り出すようなケースもある。その例が、建仁元（一二〇一）年七月十日条と同三年八月四日条の二つの土佐国守護補任記事である。東京国立博物館所蔵の「香宗我部家伝証文」と題される成巻文書のなかの、（建仁元年）七月十日付北条時政書状（『鎌倉遺文』一二三三号）と（建仁三年）八月四日付北条時政書状（『鎌倉遺文』一三七一号）がその原史料である。二通の文書の充所である「豊島馬允」（豊島朝経）と「平六兵衛尉」（三浦義村）が『吾妻鏡』では守護に補任された人物となっている。前者の文中には「貴殿守護国」の文言があるから、豊島朝経が土佐国守護に在任していることは明らかであるが、この日に補任された事実は記されていない。後者の文書のなかには「守護」の文字もみえない。ところが、

『吾妻鏡』編者はこれらの文書の内容から二通目の充所である三浦義村も守護であるとみなして、それぞれの文書の日付にかけて守護補任記事を創りあげたのである。天候記載のない治承四（一一八〇）年十一月十七日条の和田義盛侍所別当補任記事なども、佐竹征伐直後に出された文書から、こうした手法によって創り出された可能性がある。建久三（一一九二）年八月五日条の千葉常胤が頼朝の花押のない政所下文を嫌って、袖判下文をもらったというエピソードも、現存する小山朝政宛袖判下文・政所下文同様、『吾妻鏡』編纂時に、引用されている常胤宛の袖判下文ともう一通の政所下文が伝わっていて、その二通の併存から創作された話なのかもしれない。

また、編者による創作とはいえないまでも、不読助字が用いられている記事、中国古典の故事が引用されている記事、漢語が多用されている記事は、編者による作文が施されていると考えてよさそうである。

『吾妻鏡』の原史料として、八代氏以来たびたび指摘されているのが、『平家物語』である。現存本とは異なる原平家物語なる本を想定し、それを『吾妻鏡』の原史料と結論づける平田俊春氏の説（『平家物語の批判的研究』国書刊行会、一九九〇年）を通説であるかのように扱う研究者までいる。しかし、『平家物語』と『吾妻鏡』の一致は、多くの場合、同じような話題、登場する人名や数値が共通しているという程度のもので、「似ている」という印象論にすぎない。『吾妻鏡』の方が『平家物語』よりも豊富な情報を持っている場合には、原平家物語にはより豊富な記事があったと想定するような非実証的な手法が用いられている。『吾妻鏡』が日記や文書を引用する際に、文章表現も含めて、ほぼ原文通りに引用する手法をとっているのだから、他の原史料についても同様の手法がとられていたことを前提とすべきだろう。そうすると、『平家物語』が『吾妻鏡』の原史料であるということはできない。むしろ共通する原史料の存在を想定した方がいいだろう。

いずれにしても、『吾妻鏡』記事の一つずつについて、原史料や情報源を考え、探究する姿勢が求められている。

おわりに

吾妻鏡研究のこうした深化は、『吾妻鏡』を史料に用いてきた幕府政治史研究をはじめとする鎌倉時代史研究に大きな影響を与えるはずである。高橋は、吉川本を用いることで「三浦介」の性格理解が変わること、宝治合戦記事を情報源ごとに分析して原史料を想定し、『吾妻鏡』が原史料に拠らずに創作している記事を峻別して事件の経緯を再構成する方法などを『三浦一族の研究』(吉川弘文館、二〇一六年)で示し、同書や『対決の東国史2　北条氏と三浦氏』(吉川弘文館、二〇二一年)・『人物叢書　三浦義村』(吉川弘文館、二〇二三年)でも、『吾妻鏡』の諸本間の異同をふまえ、原史料・情報源レベルまで考えて『吾妻鏡』を読み込むことで、幕府政治史の再構築をはかろうとしている。

高橋の吾妻鏡研究を受けて、頼家将軍記のあり方を再検討し、新たな頼家像を提示したのが、藤本頼人氏の「『吾妻鏡』頼家将軍記の史料論」(『青山史学』四〇、二〇二二年)や『源頼家とその時代』(吉川弘文館、二〇二三年)である。藤本氏は、ともに全国に所在する諸本調査に赴いて諸本の多様性を実感し、諸本比較や関連史料をふまえて一字一句を大切にしながら『吾妻鏡』記事を読んできたから、この手法の必要性を理解し、実践できたのだろう。しかし、他の鎌倉時代史研究者には吾妻鏡研究の重要性とそれを鎌倉時代史研究にいかす方法がいまだ理解されていないのが現状である。

また、その『吾妻鏡』記事の原史料は何かということをまったく考えず、『吾妻鏡』が書いていないことをもって編者による隠蔽と決めつけるような研究、『吾妻鏡』の「史料批判」を標榜して、恣意的解釈や先入観を押しつける研究が横行していることも嘆かわしい（藤本頼人「『吾妻鏡』の作為をめぐって」『本郷』一六七、二〇二三年）。

最後に、もう一つの研究動向に触れておきたい。藪本勝治氏による一連の作品論である（『『吾妻鏡』の合戦叙述と〈歴史〉構築』和泉書院、二〇二二年）。軍記物語研究を基盤とする藪本氏は『吾妻鏡』を一つの作品ととらえ、いくつかの合戦記事・事件記事に、『吾妻鏡』編者が構築しようとした歴史構想や「高度な編集」を読み取ろうとする。原史料への着目など、共感できる部分はあるが、『吾妻鏡』の大半を占める日々の動向や治世に関する記事を切り捨て、特異な記事のみを取り上げて、『吾妻鏡』全体を論じようとしていることには大きな問題があろう。著者の「構想」に適合する記事だけが取り上げられているとしか思えない。軍記物語研究がこだわる諸本間の異同も、『吾妻鏡』についてては配慮がみられない。また、著者にとって都合がいい先行研究を、さらに都合よく解釈して利用する反面、同じ事件の『吾妻鏡』記事を分析している研究でも不都合なものには言及がない。こうした藪本氏の研究姿勢に対する危惧は藤本氏による書評（『日本歴史』九〇六、二〇二三年）にも示されている。しかし、この作品論は『吾妻鏡』の実態を知らない読者には伝わりやすいし、歴史研究者のなかに藪本氏の研究を高く評価する声があるのも事実である。最近、同氏による『吾妻鏡―鎌倉幕府「正史」の虚実―』（中公新書、二〇二四年）が刊行され、その危うい吾妻鏡論が一般読者にまで広がろうとしている。

自然科学の分野で、華やかな研究成果や営利にすぐには結びつかない基礎研究の重要性が叫ばれて久しい。鎌倉時代史研究における吾妻鏡研究も、そんな基礎研究の一つだろう。地道な研究と発信を続けていくしかない。

参考文献

井上聡・高橋秀樹「内閣文庫所蔵『吾妻鏡』（北条本）の再検討」『明月記研究』五、二〇〇〇年

高橋秀樹「吾妻鏡原史料論序説」佐藤和彦編『中世の内乱と社会』東京堂出版、二〇〇七年

高橋秀樹「不読助字からみた『吾妻鏡』の史料論」『年報三田中世史研究』二二、二〇一五年

高橋秀樹「『吾妻鏡』の文書利用について―頼経将軍記を中心に―」『國學院雜誌』一二〇―一一、二〇一九年

高橋秀樹「『吾妻鏡』について実証的に考える」『軍記と語り物』五九、二〇二三年

表　『吾妻鏡』吉川本・北条本の現状（高橋秀樹「『吾妻鏡』について実証的に考える」『軍記と語り物』59、2023年）

吉川本の合計記事日数・年数は文暦元年を除いた。重複する北条本嘉禎元年は第30の日数に拠った。

	年　次	吉川本（日数）	北条本（日数）
頼朝将軍記	治承4年(1180)	第1　朱丸印(115)	第1　黄紙(115)
	養和元年(1181)	第2　朱丸印(83)	第2　黄紙(83)
	寿永元年(1182)	朱丸印(59)	(59)
	寿永2年(1183)	欠　無印(0)	欠　(0)
	元暦元年(1184)	第3　朱丸印(135)	第3　黄紙(135)
	文治元年(1185)	第4　朱丸印上下(170)	第4　黄紙(102)
			第5　黄紙(69)
	文治2年(1186)	第5　朱丸印上下(159)	第6　黄紙(158)
	文治3年(1187)	第6　黒丸印(107)	第7　白紙(107)
	文治4年(1188)	第7　朱丸印(85)	第8　黄紙(86)
	文治5年(1189)	第8　朱丸印(146)	第9　黄紙(146)
	建久元年(1190)	第9　朱丸印(148)	第10　黄紙(149)
	建久2年(1191)	第10　朱丸印(94)	第11　黄紙(93)
	建久3年(1192)	第11　朱丸印(94)	第12　黄紙(94)
	建久4年(1193)	第12　朱丸印(106)	第13　黄紙(107)
	建久5年(1194)	第13　朱丸印(132)	第14　黄紙(133)
	建久6年(1195)	第14　朱丸印(135)	第15　黄紙(135)
	建久7年(1196)	欠　無印(0)	欠　(0)
	建久8年(1197)	欠　無印(0)	欠　(0)
	建久9年(1198)	欠　無印(0)	欠　(0)
頼家将軍記	正治元年(1199)	第15　朱丸印(58)	第16　黄紙(57)
	正治2年(1200)	朱丸印(71)	(69)
	建仁元年(1201)	第16　朱丸印(50)	第17　黄紙(49)
	建仁2年(1202)	朱丸印(56)	(56)
	建仁3年(1203)	朱丸印(54)	(54)

	年　次	吉川本（日数）	北条本（日数）
実朝将軍記		第17　(31)	第18 黄紙(31)
	元久元年(1204)	朱丸印(72)	(72)
	元久2年(1205)	朱丸印(60)	(59)
	建永元年(1206)	朱丸印(29)	(29)
	承元元年(1207)	朱丸印(36)	(37)
	承元2年(1208)	第18 朱丸印(45)	第19 黄紙(46)
	承元3年(1209)	朱丸印(44)	(44)
	承元4年(1210)	朱丸印(56)	(55)
	建暦元年(1211)	朱丸印(69)	(69)
	建暦2年(1212)	第19 朱丸印(68)	第20 黄紙(67)
	建保元年(1213)	第20 朱丸印(123)	第21 黄・赤(106)
	建保2年(1214)	第21 黒丸印(52)	第22 黄・赤(41)
	建保3年(1215)	黒丸印(59)	(47)
	建保4年(1216)	黒丸印(60)	(56)
	建保5年(1217)	第22 黒丸印(38)	第23 黄・赤(34)
	建保6年(1218)	黒丸印(54)	(51)
	承久元年(1219)	黒丸印(41)	第24 白紙(30)
頼経将軍記		第23　(14)	
	承久2年(1220)	朱丸印(28)	(28)
	承久3年(1221)	朱丸印(92)	第25 白紙(94)
	貞応元年(1222)	第24 黒丸印(42)	第26 黄紙(18)
	貞応2年(1223)	黒丸印(70)	(40)
	元仁元年(1224)	黒丸印(96)	(75)
	嘉禄元年(1225)	第25 黒丸印(76)	欠　(0)
	嘉禄2年(1226)	黒丸印(75)	(0)
	安貞元年(1227)	黒丸印(121)	(0)
	安貞2年(1228)	第26 朱丸印(99)	第27 黄紙(61)
	寛喜元年(1229)	朱丸印(86)	(45)

	年　次	吉川本（日数）	北条本（日数）
頼経将軍記	寛喜２年(1230)	朱丸印(96)	(57)
	寛喜３年(1231)	第27　朱丸印(87)	第28　黄紙(56)
	貞永元年(1232)	朱丸印(96)	(43)
	天福元年(1233)	第28　黒丸印(34)	第29　黄紙(8)
	文暦元年(1234)	無印(2)	(17)
	嘉禎元年(1235)	第29　朱丸印(108)	(45)
			第30　黄紙(103)
	嘉禎２年(1236)	第30　朱丸印(89)	第31　黄･赤(77)
	嘉禎３年(1237)	朱丸印(77)	(74)
	暦仁元年(1238)	第31　黒丸印(146)	第32　黄･赤(138)
	延応元年(1239)	第32　黒丸印(71)	第33　赤紙(64)
	仁治元年(1240)	黒丸印(39)	(57)
	仁治２年(1241)	第33　朱丸印(108)	第34　黄･赤(100)
	仁治３年(1242)	欠　無印(0)	欠　(0)
	寛元元年(1243)	第34　朱丸印(62)	第35　黄･赤(59)
	寛元２年(1244)	朱丸印(56)	(82)
頼嗣将軍記		第35　(64)	第36　黄･赤(57)
	寛元３年(1245)	朱丸印(98)	(90)
	寛元４年(1246)	欠　無印(0)	第37　黄･赤(99)
	宝治元年(1247)	第36　朱丸印(122)	第38　白紙(120)
	宝治２年(1248)	第37　朱丸印(80)	第39　白紙(79)
	建長元年(1249)	欠　無印(0)	欠　(0)
	建長２年(1250)	第38　朱丸印(88)	第40　黄･赤(87)
	建長３年(1251)	欠　無印(0)	第41　白紙(100)
	建長４年(1252)	第39　朱丸印(116)	第42　白紙(133)
	建長５年(1253)	第40　朱丸印(64)	第43　黄紙(65)

	年　次	吉川本（日数）	北条本（日数）
宗尊将軍記	建長６年(1254)	第41　朱丸印(73)	第44　黄紙(74)
	建長７年(1255)	欠　　無印(0)	欠　　　(0)
	康元元年(1256)	第42　朱丸印(93)	第46　黄紙(93)
	正嘉元年(1257)	第43　朱丸印(66)	第47　黄紙(66)
	正嘉２年(1258)	第44　朱丸印(89)	第48　黄紙(89)
	正元元年(1259)	欠　　無印(0)	欠　　　(0)
	文応元年(1260)	第45　朱丸印(113)	第49　黄紙(115)
	弘長元年(1261)	欠　　無印(0)	第50　黄紙(96)
	弘長２年(1262)	欠　　無印(0)	欠　　　(0)
	弘長３年(1263)	第46　朱丸印(111)	第51　黄紙(114)
	文永元年(1264)	欠　　無印(0)	欠　　　(0)
	文永２年(1265)	第47　朱丸印(72)	第52　白紙(71)
	文永３年(1266)	朱丸印(45)	(44)
合計記事日数／年数		6156／73	5774／74
年平均記事日数		84.3	78.0

あとがき

今回もまた、山川出版社のご尽力を得ての出版となった。ありがたく思う次第だ。『「吾妻鏡」の時代』がこうした形で世に送り出せたのも、恩師安田元久と同社との浅からざる縁による。地頭研究の基本文献とされる『地頭及び地頭領主制の研究』が、同社より出版されたのは一九六一年のことだった。半世紀をこえた現在にあっても、その価値は色褪せていない。その学史的位置づけについては、本書でも触れた通りだ。ともかく師の敷いたレールに我々は便乗しつつ、厳しい出版事情のなかで、一書を上梓できたことに改めて感謝したい。

「はしがき」にも触れたが、今次の『「吾妻鏡」の時代』で三度目の出版となった。その間、十年ごとの上梓だったから、都合三十年が経過したことになる。一口にこの三十年というが、執筆各人にとっては長い時間だった。弟子筋の多くは六十歳から齢八十歳をこえ、大学や研究機関を離任した方々も少なくない。〝十年一昔〟というが、〝世代〟の「世」は旧字では「卋」と表記する。要は十が三つで三十年の意味である。まさに一つの世代としての区切りということになろうか。

ことほど左様に時が流れた。それに従って、我々のエネルギーも枯渇しているのが現況だ。日本中世史に大きな足跡を残した安田の仕事を回顧しつつ、その学恩に報いる機会を与えられたことを感謝しつつ、本書を以って「駘馬《たいば》の会」の編纂による出版は、閉店とさせていただくことにしたい。本来『「吾妻鏡」の時代』の執筆陣に加えるべき方々も、健康上をはじめ諸般の事情で難しかったことも付記しておきたい。

最後に、本書の出版に編集の立場でご尽力をいただいた山川出版社に御礼を申し上げたい。

二〇二四年師走　　関　幸彦

小島つとむ（こじま　つとむ）

1964年生まれ。株式会社銀座長州屋営業部・調査研究室長。
主要論文 「伊豆韮山代官・江川太郎左衛門英龍と大慶直胤―その密な交流に垣間見る江戸後期の日本―」（『刀剣美術』707～708、2015年）、「松平定信の寛政の改革と手柄山正繁」（『刀剣美術』764、2020年）、「細川正義の研究―作州津山藩「江戸日記」と鹿沼「細川家文書」に見る刀鍛冶の生涯―」（『刀剣美術』774～776、2021年）

小林健彦（こばやし　たけひこ）

1962年生まれ。新潟産業大学経済学部教授。
主要著書 『越後上杉氏と京都雑掌』（岩田書院、2015年）、『韓半島と越国（こしのくに）―なぜ渡来人は命がけで日本へやって来たのか―』（シーズネット株式会社、2015年）

酒入陽子（さかいり　ようこ）

1966年生まれ。流通経済大学スポーツ健康科学部教授。
主要論文 「下館藩主　黒田直邦の暇―正徳三年「暇之記」に見える黒田直邦―」（『小山工業高等専門学校研究紀要』42、2010年）、「戊辰戦争における彦根藩戦死者顕彰碑考―世田谷豪徳寺・下野小山・彦根に残る顕彰碑から―」（『滋賀大学経済学部附属史料館研究紀要』54、2021年）、「今川氏真」（柴裕之・小川雄編『戦国武将列伝6　東海編』戎光祥出版、2024年）

下山忍（しもやま　しのぶ）

1956年生まれ。東北福祉大学教育学部教授・東北大学文学部非常勤講師。
主要著書 『武蔵武士を歩く―重忠・直実のふるさと埼玉の史跡―』（共著：勉誠出版、2015年）、『もういちど読む山川日本史史料』（共編著：山川出版社、2017年）、『文化財が語る日本の歴史　社会・文化編』（共編著：雄山閣、2024年）

高橋秀樹（たかはし　ひでき）

1964年生まれ。國學院大學文学部教授。
主要著書 『日本中世の家と親族』（吉川弘文館、1996年）、『三浦一族の研究』（吉川弘文館、2016年）、『古記録入門　増補改訂版』（吉川弘文館、2023年）

編者

関　幸彦（せき　ゆきひこ）

1952年生まれ。元日本大学文理学部教授。
主要著書　『武士の誕生』（講談社、2013年）、『恋する武士　闘う貴族』（山川出版社、2015年）、『刀伊の入寇―平安時代、最大の対外危機―』（中央公論新社、2021年）

執筆者

伊藤一美（いとう　かずみ）

1948年生まれ。NPO法人鎌倉考古学研究所理事。
主要著書　『江の島、神の島から人の島へ』（藤沢市文書館、2019年）、『新知見！武士の都　鎌倉の謎を解く』（戎光祥出版、2021年）、『太田道灌と武蔵・相模―消えゆく伝承や古戦場を訪ねて―』（戎光祥出版、2023年）

岡田清一（おかだ　せいいち）

1947年生まれ。東北福祉大学名誉教授。
主要著書　『北条義時―これ運命の縮まるべき端か―』（ミネルヴァ書房、2019年）、『鎌倉殿と執権北条130年史』（KADOKAWA、2021年）、『相馬一族の中世』（吉川弘文館、2024年）

川島優美子（かわしま　ゆみこ）

1963年生まれ。元放送大学講師。
主要論文　「中世後期における京都周辺の関の構造」（『学習院史学』29、1991年）、「鎌倉街道をめぐる武蔵武士と鎌倉幕府―関渡と地域開発―」（北条氏研究会編『武蔵武士の諸相』所収、勉誠出版、2017年）、「苦林―その地理と歴史―」（『埼玉地方史』78、2020年、佐川美加氏と共著）

菊池紳一（きくち　しんいち）

1948年生まれ。元財団法人前田育徳会常務理事・尊経閣文庫主幹。
主要著書　『図説　前田利家―前田育徳会の史料にみる―』（新人物往来社、2002年）、『加賀前田家と尊経閣文庫―文化財を守り、伝えた人々―』（勉誠出版、2016年）、『源家滅亡―尼御台所政子と北条義時の時代―』（山川出版社、2022年）

久保田和彦（くぼた　かずひこ）

1955年生まれ。元神奈川県立高等学校教諭。NPO法人鎌倉考古学研究所所員。
主要著書・論文　『六波羅探題研究の軌跡―研究史ハンドブック―』（文学通信、2020年）、「黒田荘出作・新荘の成立過程と国司政策」（『ヒストリア』128、1990年）、「鎌倉幕府「連署」制の成立に関する一考察」（『鎌倉遺文研究』41、2018年）

『吾妻鏡《あずまかがみ》』の時代《じだい》

2024年12月15日　第1版第1刷印刷　　2024年12月20日　第1版第1刷発行

編　者　関《せき》　幸彦《ゆきひこ》

発行者　野澤　武史

発行所　株式会社　山川出版社
〒101-0047　東京都千代田区内神田1-13-13
電話　03(3293)8131(営業)　03(3293)8135(編集)
https://www.yamakawa.co.jp/

印刷所　株式会社　太平印刷社

製本所　株式会社　ブロケード

装　幀　水戸部功

ISBN978-4-634-59146-2